OHSAMA BUNKO

神社で引き寄せ開運☆

白鳥詩子

三笠書房

はじめに――神さまによく会いに行く人は神さまに応援される

特別なことが何もなくても、神さまにご挨拶に行きなさい。これは私が幼い頃、いつも母が言っていた言葉です。

わが家の隣に神社があったこともあり、母からは実際、毎日のように「今日は神さまにご挨拶してきたの?」と言われていました。

「昨日行ったもん」と言うと、「今日、ママにおはようと言ったら、明日は言わないの?」と聞かれ、「そうか、挨拶なんだから、毎日するものなんだな」と納得したことを今でも覚えています。

また、「神さまとお話していらっしゃい」と言われたこともありました。

「何をお話するの?」と聞くと、「ママやお友だちとお話しするように。そうね……たとえば、今日みたいに雪が降っている日なら『今日は寒くはないですか?』って聞いてみたら？」と話してくれました。

母の話に「なるほど！」と思った私は、カイロを袋から出してタオルにくるんで神社に行き、拝殿にそ〜っと置いて、「お寒くないですか？　これ温かいですから、手をあててみてね」とニコニコしながらお話ししていました。

私が小学校に入りたての頃の話です。


以来、神社には毎日通っていましたが、ある日、お祭りの日に神楽殿《かぐらでん》で舞う巫女《みこ》さんたちの姿を見て、完全に魅了されてしまったのです！

「私も巫女さんになりたい！」

といっても、簡単に巫女になれるわけではありません。私の氏神《うじがみ》神社では年齢も十一歳から二年間と決まっていましたし、氏子の中でも巫女になれるのは一〜二人。

それから巫女になるまでの四年間、神さまに「巫女さんになれますように頑張ります」と誓い、神主さんにも、毎日「おはようございます！」の代わりに、「ぜったい十一歳になったら巫女さんをさせてね」と、言い続けました。

その願いが届いたのか、嬉しいことに十一歳で祭りの際に神楽殿で舞を奉納する巫女に選ばれたのです。

今でも巫女研修に行った日のことや、はじめて巫女装束に袖を通した、あのスルスル〜とした感触を忘れることはできません。

鈴の音の一振り一振りにも、参拝のお作法一つ一つにも意味があり、すべては「神さまのためにあるもの」と教わったこと、あの経験があるからこそ、今、多くの方に神社の魅力をお伝えする私がいます。

私が主催する神社ツアーには、

神社が好きだから！

開運したいから！

いいことありそうだから♪


という理由で参加してくださる方が多いのですが、残念ながら神社のこと、神さまのことについて詳しくご存知の方はあまり多くありません。

そこで参拝の前に必ずその神社の神さまや由緒についてお話しするのですが「○○の神さまについて知っている人？」と質問して沈黙になることもしばしば（笑）。

そのたびに「みんな、もっと神さまのこと知ってね！　せっかく参拝するのに、神さまのご加護であるご神徳が何か知らずに行くなんてもったいないわよ」とお話ししていたところ、私の気持ちが通じたのか、回を重ねるごとに、神さまの話がもっと聞きたいと言って、リピーターとなってくださる方も増えてきました。

また、私の神社ツアーでは、ただ来て、誰とも話さず、神社を参拝して帰るということはしていません。

同じ日に偶然参加しただけかもしれませんが、同じ神さまに参拝させていただける「ご縁」は、この人とあの人とのご縁を結んであげるといいよね！　と、神さまが采配して出会いの場をご用意してくださっているからこそだと思うからです。

ですから、神社ツアーがスタートしたら、参加された皆さん全員が仲良くなっていただくワークを、とても丁寧に時間をかけてやっています。

参加者の皆さんも、「神さまにいただいたご縁だから」と理解し、感謝の気持ちで参拝してくださるからでしょうか。皆さん、それこそびっくりするほどの速いスピー

ドで開運されていきます。たとえば、ツアー参加後に、

・転職が決まりました！
・大企業とのコラボセミナーが決まりました！
・彼氏との結婚が決まりました♪
・五〇〇万円のコンサルタント契約が決まりました！
・有名少女マンガ雑誌で娘がマンガ家としてデビューしました！
・いい引っ越し先が見つかりました！
・係長から飛び級で課長に昇格しました！　などなど。

いずれも神社ツアー参加後、すべて二カ月以内に実際に起こった出来事です。

あなたが神社を参拝されるときも、神さまを知り、神さまとのご縁に心から感謝して、明るい気持ちで参拝してみてください。

そうすればきっと神さまとの「心の距離」が近づき、〝ご神徳〟をいただけるスピードが今までよりもウンと加速すると確信しています。

「神は人の敬《うやまい》により威《い》を増し、人は神の徳によりて運を添ふ」というのは鎌倉時代に制定された武士の法律「御成敗式目《ごせいばいしきもく》」に出てくる言葉です。

「多くの人々が神さまを崇敬し大事にすることで神さまのお力が増し、それが人に還ってきて私たちの運も開けていく」という意味で、私が大好きな言葉の一つです。

「何も特別なことがなくても」神社に参拝に行き、ご挨拶をする。これは本当に大事なことだとかみしめています。

お参りして、神さまとお話をするのが習慣になると、ご加護を感じられますし、「神さまが見てくださっているから大丈夫」という安心感も得られます。

自分らしく生きることが難しい時代ですが、でも、つらいことがあっても神さまに心の声を聞いていただけると実感できたら、何よりの支えになると思います。

本書が、神さまに近づきあなたがより幸せになる一助となれば幸いです。

白鳥詩子

もくじ

1章 願いをかなえてくれる神さまと神社のひみつ

2章 祭事は神さまからのスペシャルギフト

3章 ますます願いがかなう参拝のお作法

4章 願いを最速最短でかなえる三つの方法

5章
効果を発揮してくれるお守り、神札・神棚、ご朱印帳

特別付録

あなたの願いをかなえる最強神社ガイド

――イチオシ5社＋ご利益別全国おすすめ神社185社

本文イラスト　ふわこういちろう
編集協力　中西后沙遠

1章

願いをかなえてくれる神さまと神社のひみつ

「感謝」する人は神さまから愛され運気も上がる

♪小さい頃は　神さまがいて
不思議に夢を　かなえてくれた
――『やさしさに包まれたなら』

この曲のように、神さまは私たちの願いをかなえてくれる存在だと思っている方も多いかもしれませんね。もちろん神さまは私たちの願いをかなえてくれます。ただし、神さまにお願いする前に、大切にするともっと願いがかないやすくなる方法があるのです。それを私の体験を通してお話してみたいと思います。

今から一五年ほど前の二十代後半の頃の話です。どんなに頑張って努力しても、微《み》塵《じん》たりとも人生が好転せず、いちばんつらかった時代のことです。私は「願いがかないますように」と強く強く願っていました。当時は苦しさのあまり、泣きながら神社にお参りしていたこともありました。しかし、どんなに一生懸命にお願いをしても願いどおりにならなかったのです。

「おかしいな〜。小さい頃は何でもスッと思いが実現したのに、なぜだろう？」と不思議で仕方がありませんでした。

そこで昔の自分を振り返ってみて思い出したのです。「そうだ！　昔の私はこんなに必死にお願いなんてしたことなかった！」ということに。

願いがどんどんかなっていたときは、神社に行くことが日課で、お願いというよりも神さまに悩みを打ち明けたり、今こんなことを頑張っているんですと報告したり。それがただ楽しくてお参りしていました。

そのとき「神社はお願いするところじゃない。感謝しに行くところ」と、改めて思い出したのです。

子供の頃に、父や母にあれほど教えられていたのに、目の前の「仕事」が命で、いちばん大切なことを、すっかり忘れていたのです。そのことに気づいたあとは、仕事があって、食べていけて、この地域で日々、無事に暮らせていることへのお礼を、まず伝えるようにし、お願いすることを一切やめたのです。すると、不思議なことに、また昔のようにスルスルと人生が動き出したのです！　そしてさらには、神社参拝で開運する、とある「法則」に気づいたのです。

「～してほしい、～がなくて困っています」と、「ない、ない」ばかりを伝えると、自分自身の潜在意識に「私は恵まれていない」「ツイていない」「人生はうまくいない」とマイナスの意識を刷りこむことになるのではないか？　ということです。

だとしたら、神社に行くたびに自分自身で「ないないパワー」を注入していることになり、せっかく神社に行っていても、プラスのエネルギーをチャージすることができていないのかもしれないのです。

反対に「今日も温かいお布団の中で目覚めることができ、朝から好きな食事をいただくことができました！」など、一見、当たり前すぎて感謝の対象とし忘れがちなことに心の目を向けてみると、次々とよいことや感謝したくなることが引き寄せられるということです。

ですから、まずはやっぱり「ありがとうございます！」を伝えてみてください。きっと、ただお願いするだけよりもずっと速く願いがかなうようになるはずです。

「人脈は神脈《じんみゃく》なり」の神さまネットワーク

人との出会いや自分が望む仕事との出会い、それらはすべて「ご縁」です。

たとえば、あなたが旅行会社に転職したいとお願いしたとしましょう。すると、次の項でも説明するように、あなたの氏神《うじがみ》さまや産土神《うぶすながみ》さま、土地神《とちがみ》さまたちが、「うちのT男が旅行会社に転職したいと言っているから、全国の神さまにこの情報を流そう！」と、神さまネットワーク局に情報を流してくれるのです。

すると、「おっ！　旅行会社かい？　それならうちのS子が勤めているから、何とかなるかもしれないね。二人の共通の友達は誰かな？」となるわけです。

すると、また別の神さまが「うちのCちゃんが、二人の知り合いやから、どっかで顔合わせできるようにアレンジしようか？」と言ってくれます。

その結果、セミナーなり、合コンなり、会社説明会なりで「まるで偶然かのように」出会う場を設定してくれるのです。

そして、うまくいった暁には、「よかったよかった～。うまくいきましたな～」といって、一献を交わしておられるのではないか。そして、そのときに、神さまたちが飲まれるお酒や食されるつまみこそが、普段、私たちがお供えしているものではないか、と思うのです。

ですから、神棚に供える水・塩・米・酒などを毎日替えることも、義務感からするのではなくて、私たちのために神々の国である高天原《たかまがはら》であれやこれやと必死に手配してくださっている神さまたちに感謝の気持ちですするといいと思っています。

もちろん、これは私の想像の域を出ない話ですが、私は神さまネットワークがあると信じています。

「人脈は神脈なり」。人のご縁は神さまのお計らい、私はこうお伝えしています。

仕事でも人間関係でも、何かよいご縁があったときは、神さまが〝神脈〟を使ってもたらしてくれたものと思ったら、自然と「感謝」の気持ちも湧くのではないでしょうか？

シオッチ
神さまネットワークで
ご縁をゲット!
ウズメちゃん
旅行関係で いい仕事に 巡りあえ ますように
ほぉ
11月 出雲大社 神様会議開催中
うちの氏子が ○○したいと
ほぉ
久しぶり
うちの氏子は
すみませーん 旅行に興味 ある子いる?
うちの氏子が 旅行の仕事 探しとったわ
キャ〜〜〜! ぴったりんこ♥ うちの氏子が 新しく旅行の 仕事はじめるん だって〜〜♥
じゃ決定じゃ
縁々結び♪
縁結び〜〜♫
ほへ
数日後
君みたいな子を 探していた んだよ!
本当ですか うれし〜〜 こちらこそ 素敵な ご縁です!
ニヤリ
フリフリ
よろこびの舞
神棚から拝借
酒

あなたの人生を激変させる三柱の神々

神社といっても、氏神《うじがみ》神社、産土《うぶすな》神社、土地神《がみ》神社、鎮守《ちんじゅのかみ》神神社、崇敬《すうけい》神社……と、実はたくさんの呼び名があります。

ところが、それぞれの違いについて、明確に知っている、あるいは理解している人はとても少ないのも事実です。もちろんどの神さまもあなたを見守って、願いをかなえてくれますが、特に、ある三つの神社は「あなたの人生を激変させる神社」なのです。

その三つの神社とは、氏神神社、産土神社、土地神神社です。

では、その特別な三つの神社について、一つずつみていきましょう。

氏神神社

まず、氏神神社とは文字通り、同じ氏姓を持つ氏族間で、先祖代々、祖先神にあたる神さまを氏神として祀《まつ》った神社のことです。また、この「血縁関係がある」家族を氏子《うじこ》と呼んでいました。

たとえば、

・天皇家の祖先神は天照大御神《あまてらすおおみかみ》なので、天皇家の氏神神社は伊勢神宮
・藤原鎌足（中臣鎌足）を祖とする藤原氏の氏神神社は、春日大社
・秦氏の氏神神社は、伏見稲荷大社

というように、氏族によって、氏神神社というのは決まっています。

このお話をすると、「私のご先祖さまは、そんな地方豪族の出身ではないし、力もなかっただろうから、氏神神社はないのでは？」とおっしゃる方がいますが、氏神神社はどなたにもあります。

日本は稲作の国です。稲を育てるために人々はある場所に定住し、そこに村ができ

ていきました。

最初は血縁関係の氏族のための氏神神社も、時とともに、同じ地域に住む人々が「地縁」によって氏子となり、氏神として祀っていくようになったのです。

氏神神社はあなたの一族を代々にわたり守護してきてくださった大変ありがたい神さま。よってその氏神神社をどこの神社よりもまずいちばん大切になさってください。

先祖代々の氏神神社がわからない方は、現在お住まいの地域を守ってこられた土地神さまを、氏神神社として大切にしてください。

では、現在の住所で氏神さまを調べる方法です。

これはとっても簡単！　各都道府県には○○県神社庁があります。そこに電話をして、あなたの住所を述べ、「氏神神社を教えてください！」と言えば、「○○神社ですよ」と教えていただけます。あるいは、その神社庁のホームページをのぞいてみてください。あなたのお住まいのエリアで検索できる場合もあります。ぜひ調べてみてくださいね！

産土神社

産土神というのは、生まれた土地を守っていらっしゃる神さまです。そして、産土神さまの最大のご神徳は、生まれる前から生涯を通して、一生、あなたを守ってくださる守護神になってくださるということです。ですから、産土神さまがいらっしゃる産土神社は二番目に大切にしていただきたい神社です。

産土神さまは、母親が産気づくと産屋《うぶや》にやってきて、母親の枕元に立ち、母子ともに無事に出産がすむのを見守ってくださいます。生まれる前から守護神というのは、こういういきさつがあるからです。

現在では自宅から離れた病院で出産される方が多いかもしれません。その場合は、神道では、七歳までは「神のうち」とされていますので、「幼少期の七歳までをメインに過ごした土地の土地神さま」を産土神さまとします。なので、兄弟姉妹であっても、産まれ育った土地が違えば産土神社は違います。

土地神神社（鎮守神）

土地神（鎮守神）さまは、その土地に鎮まり、守っていらっしゃる神さまです。引っ越しなどをしたら、その土地にご縁があって住まわせていただけるわけですから、「このたび、こちらに引っ越してきました。お世話になります。よろしくお願いします」と、ご挨拶に行くのがよいでしょう。

一昔前までは引っ越しをするというのはそうそうなかったことなので、先祖代々の土地で一生を過ごす人が多かったわけです。もし、あなたが現在も先祖代々の土地で生まれ育ち、現在もその土地で生活を送っておられるなら、あなたの氏神（神社）と、産土神（社）、土地神（鎮守神）は同じということになります。

一方、先祖代々の氏神神社はあるけれど、違う場所で生まれ育ち、現在は就職先の関係などでさらに別の土地で生活しているというのであれば、あなたの氏神神社と産土神社、土地神神社はすべて違うということになります。

氏神神社
先祖代々
氏姓・氏族が
祀った神社

産土神社
生まれてから7歳まで
メインで過ごした土地の
神さまを
祀っている神社
一生守ってくれる
守護神だよ

土地神神社
（鎮守神）
その土地を
守っている神さま
を祀る神社
引っ越したら
ご挨拶しよう

そもそも神社ってどんなところ？

前項で述べたように、私たちにはそれぞれ応援してくださる神さまがいるわけですが、では、そもそも神社ってどんな場所なのでしょうか？　ちょっと考えてみてください。神社とは、

・お願いしに行くところ
・元気が出るところ
・気持ちが落ち着くところ
・えっ？　パワースポットでしょ？

いろいろな答えがありそうですね。ではどれが正解なのでしょうか？　どれも正解

であり、どれも微妙にちょっと惜しい！　私はそのように思います。

「神社って何ですか？」と聞かれたら、まずこれだけは忘れず、覚えていてほしいことがあります。

それは、神社とは「神さまがいらっしゃるところ」だということです。

「神社」とは「神」の「社」と書きます。神社には必ずお祀りされている「神さま」がいらっしゃるのです。ですから、私たちが神社に行くということは、「神さまに会いに行く」ということなのです。

「あそこの神社はパワースポットって本当ですか？」とよく聞かれますが、神社は神さまがいらっしゃるところなので、もともと「いい気」が流れています。

神社はその神聖な「気」や「空間」を守るための結界として建てられているので、あそこの神社はパワースポットで、あっちの神社はパワースポットじゃない、ということもないのです。

どの神社も神さまがいらっしゃる神聖なご神域だということを覚えておいてくださいね。

神さまには得意分野がある？

さて、全国に八万社あるといわれている神社ですが、どんな神さまがいらっしゃるかご存知でしょうか？

「はじめに」のところでも書きましたが、ツアーでは参拝の前に必ずご祭神の神さまの誕生秘話、ご神徳を得ることになったエピソード、この地に祀られるようになった由来などをお話ししています。

それは、これからご挨拶に行く神さまのことや名前を知らずに参拝しても、気持ちが届かないと思うからです。そしてご神徳についてお話するのは、神さまにはそれぞれ得意分野があるからです。

せっかくお願いごとをするなら、その分野が得意な神さまにお願いしたほうが、願いがかないやすいという面があるからです。

神社の歴史やご祭神、由来は、ホームページなどに掲載されていますので、参拝前にぜひチェックしてから神さまに会いに行ってみてくださいね。

次項からは日本最古の神話である『古事記』に基づき、ご神徳をお持ちの神々についてお話しをしていきましょう。

日本神話に最初に出てくる神さまは誰でしょう?

この質問を必ず神社ツアーのときにするのですが、正解率はなんと一パーセントをきります。

『古事記』の冒頭に書かれている日本神話のはじまりは、こうです。

「天地《あめつち》初めて発《ひら》けしとき、高天原に成れる神の名は、天之御中主神《あめのみなかぬしのかみ》。次に高御産巣日神《たかみむすびのかみ》。次に神産巣日神《かむむすびのかみ》。この三柱《みはしら》の神はみな独神《ひとりがみ》と成りまして、身を隠したまいき。」

意味は、世界が初めて生まれたとき、天のずっとずっと高いところにお生まれになったのは、アメノミナカヌシ神ですよ、という意味です。

真っ暗な宇宙が突如、天と地にわかれ、その間から眩《まばゆ》いばかりの光の粒子が現れた。

この天と地が分かれたことを「天地開闢《てんちかいびゃく》」といい、眩いばかりの光の粒子をアメノミナカヌシ神と表現しています。

ということで、日本神話に最初に登場する神さまはアメノミナカヌシ神です。また、最後の一節の「身を隠したまい」が、「神隠し」の語源だとの説もあります。

ここで驚くのは、古代の日本人は、すでに「宇宙」という概念を持っていたということです。

続いて、「独神《ひとりがみ》」というのは、日本を創ったとされる伊邪那岐命《いざなぎのみこと》と伊邪那美命《いざなみのみこと》（38ページ参照）のように夫婦で誕生した神さまではなく、単独でお生まれになった神さまのことで、男女の性別もありません。

この最初に登場する三神の独神を称して「造化《ぞうか》三神《さんしん》」といい、この造化三神と、この後すぐに登場する二柱の神、合計五柱の神さまのことを「別天津《ことあまつ》神《かみ》」といいます。

続いて二柱の独神、そのあとお生まれになる一〇柱の神々は、全員兄妹か夫婦のペアでお生まれになり、五ペアの神々が登場します。別天津神のあと、お生まれになった一二柱の神々を「神世《かみよ》七代《ななよ》」といいます。

イザナギ命とイザナミ命は、この神世七代の最後に誕生された夫婦神で、日本神話では一六、一七番目に登場する神さまたちです。

天地、そして神さまの誕生

㊍ 天之御中主神《あめのみなかぬしのかみ》
㊍ 高御産巣日神《たかみむすびのかみ》
㊍ 神産巣日神《かむむすびのかみ》
――造化三神《ぞうかさんしん》

㊍ 宇摩志阿斯訶備比古遅神《うましあしかびひこじのかみ》
㊍ 天之常立神《あめのとこたちのかみ》
――別天津神《ことあまつかみ》

↓

神世七代《かみよななよ》

1. ㊍国之常立神《くにのとこたちのかみ》
2. ㊍豊雲野神《とよくもぬのかみ》
3. ㊚宇比邇神《うひぢにのかみ》・㊛須比智邇神《すひぢにのかみ》
4. ㊚角杙神《つぬぐいのかみ》・㊛活杙神《いくぐいのかみ》
5. ㊚意富斗能地神《おおとのじのかみ》・㊛大斗乃弁神《おおとのべのかみ》
6. ㊚淤母陀琉神《おもだるのかみ》・㊛阿夜訶志古泥神《あやかしこねのかみ》
7. ㊚伊邪那岐神《いざなぎのかみ》・㊛伊邪那美神《いざなみのかみ》

日本を創った二人の神さまは?

天地開闢後、次々に神々が生まれましたが、神世七代の最後に登場し、国生み、神生みをされた神さまが、イザナギ命とイザナミ命です。

あるとき、最初に現れた造化三神の神さまたちが集まって会議をし、イザナギ命とイザナミ命に「あの脂のようにプカプカ浮いている地上を固め整えなさい」とミッションを下します。そして、その道具として、天沼矛《あめのぬぼこ》を授けます。二人は天と地を結ぶ天浮橋《あめのうきはし》に立ち、天沼矛を地上に向かっておろし、こおろこおろとかき混ぜます。

かき混ぜて矛をすくい上げると、矛先からポトッ、ポトッと滴がこぼれ落ち、塩が固まって島ができました。この島が淤能碁呂島《おのごろ》で、現在の淡路島だといわれています。

二人はこのオノゴロ島に降り、高天原の神々と意思を通わす天之御柱《あめのみはしら》と、八尋殿《やひろどの》という大きな神殿を造り、次々に島を生み、日本の国土ができ上がります。これが世にいう「国生み」です。

＊イザナギ命とイザナミ命は、淡路島の伊弉諾《いざなぎ》神宮、滋賀県の多賀大社に鎮座されています。

国生みが完了したイザナギ命とイザナミ命は、次に、家宅六神《かたくろくしん》（住居に関わる六柱）の神々を生みます。

・石と土の神（男・石土毘古神《いわつちびこのかみ》）
・石と砂の神（女・石巣比売神《いわすひめのかみ》）
・門の神（性別不明・大戸日別神《おおとひわけのかみ》）
・屋根の神（男・天之吹男神《あめのふきおのかみ》）
・建物の神（男・大屋毘古神《おおやびこのかみ》）
・風の神（男・風木津別之忍男神《かざもつわけのおしおのかみ》）

次に、水に関わる三柱の神として、次のような神を生みます。

・海の神（男・綿津見神《わたつみのかみ》）
・河の神（男・速秋津比古神《はやあきつひこのかみ》）

・河の女神（女・速秋津比売神《はやあきつひめのかみ》）

また、大地に関わる四柱の神。

・風の神（男・志那都比古神《しなつひこのかみ》）
・木の神（男・久久能智神《くくのちのかみ》）
・山の神（男・大山津見神《おおやまつみのかみ》）
・野の神（女・鹿屋野比売神《かやのひめのかみ》）

このように、イザナギ命、イザナミ命によって、自然界を司る神々が生まれ、山には木の実がなり、海には魚が育ち、野山には花が咲き乱れ、自然界が出来上がっていきました。

順調に神々を生んでいたイザナミ命でしたが、火の神を出産するとき、産道を火傷してしまい、それが原因で命を落としてしまいます。神さまが亡くなることを「神避《かむさ》り」といいます。

イザナギ命はイザナミ命を亡くした深い悲しみが火の神への怒りに変わり、わが子である火の神を、頭、胸、腹、性器、左手、右手、左足、右足と、八つに切り裂いて殺してしまいます。

ちなみにイザナギ命が火の神を斬った十拳剣《とつかのつるぎ》の柄や血、そして切り裂かれた八つの体からも一六柱の神々が生まれています。

日本で初めて離婚した神さま

さて、妻のイザナミ命を亡くした悲しみに耐えられなくなったイザナギ命は、とうとう死者の国である「黄泉《よみ》の国」に出向き、イザナミ命に会いに行きます。この世とあの世の境を守る「黄泉の扉」の前で、イザナギ命は、

「愛しい妻よ、どうか一緒に帰って、途中になっている国造りを再開しよう！」と叫びます。イザナミ命も「私も帰りたいのですが、死者の国の物を食べてしまったので、黄泉の国の住人となってしまいました。もう少し早く来てくだされればよかったのに……。でも、あなたと一緒に帰れるよう、黄泉の国の神さまに頼んできますから、そこでお待ちください。決して！　決して中をのぞかないでくださいね」と答えます。

しかし、待てど暮らせど、イザナミ命は帰ってきません。痺れを切らしたイザナギ命は中へ入っていきます。ところが！　あんなにも美しかったイザナミ命の姿は見る

影もなく、死体からはウジがわき、体中に悪鬼《あつき》（雷神）がへばりついています。あまりにも変わり果てた妻の姿に恐れおののいたイザナギ命はあろうことか逃げ出してしまいます！　醜い哀れな姿を見られたイザナミ命は、「だからあれほど、中をのぞかないでくださいと、何度もお願いしたのに。ああ、うらめしい！」と言って、黄泉醜《よもつしこ》女《め》に後を追わせます。

必死の攻防戦を繰り広げながら、イザナギ命が黄泉の国の出口近くまで辿り着いたとき、イザナミ命は最後の力を振り絞って、一五〇〇もの軍勢で追い立ててきます。イザナギ命は十拳剣で後ろ手に何とか振りはらいながら、ついにあの世とこの世の境界にある黄泉比良坂《よもつひらさか》に辿り着きます。

しかし、死者の軍勢はすぐそこまできています。イザナギ命は剣以外に武器がありません。追いつめられたイザナギ命がパッと目についた坂の上に実っている桃を投げつけると、なんと！　死者の軍勢が桃に恐れをなして退散していきます。

ところが、今度はイザナミ命本人が追ってきます。そこで、一〇〇〇人の人手がないと動かないといわれる「千引《ちび》きの石《いわ》」で黄泉比良坂をふさいでしまいます。

このときから、この世とあの世は行き来できない別世界になったといわれています。

一方、千引きの石越しに、罵《ののし》り合う二人。最後にはイザナギ命は「そなたとは離縁する！」と引導をわたし、ここに日本史上初の「離婚」が成立したといわれています。

さて、黄泉比良坂の桃のおかげもあり命拾いをしたイザナギ命は、今後も私と同じような者が現れたら助けてやってほしいと言い、この桃の木に意富加牟豆美命《おほかむずみのみこと》という名前を与えました。桃には邪気を祓う力があるとされており、長寿の象徴でもあります。

また、この話が桃太郎の鬼退治の原形ですが、『古事記』には、他にも一寸法師、浦島太郎など多くの昔話の原形とされるお話もあります。

わかりやすい入門書もありますので、興味のある方は読んでみてくださいね。

参考・『愛と涙と勇気の神様ものがたり　まんが古事記』（講談社）

日本の最高神は誰？

さて、命からがら黄泉の国から帰ってきたイザナギ命は、黄泉の国で穢《けが》れてしまった身体を清めるために筑紫の日向に向かい禊《みそぎ》をします。この禊のときにも次々と神さまが生まれます。

左目を洗ったときに、眩いばかりの天照大御神《あまてらすおおみかみ》が生まれます。次に右目を洗うと、月読命《つくよみのみこと》が生まれました。最後に鼻を洗うと、建速須佐之男命《たけはやすさのおのみこと》が生まれました。

イザナギ命は「今までたくさんの神を生んだが、最後の最後にこんなにも貴い三人の子を得ることができた！」と、「三貴子」の誕生を心の底から喜び、アマテラス大御神に神々の国（高天原）を治めるように言いました。ここから日本神話ではこの長女、アマテラス大御神を最高神としています。

アマテラス大御神は、伊勢神宮の内宮《ないくう》（皇大神宮）のご祭神であり、皇室の祖先神

＝氏神さまであり、さらには、日本国民の総氏神さまにあたる神さまです（氏神については24ページ参照）。また、太陽を司《つかさど》る神さまでもあり、国土安泰、勝運などあらゆる面で力を授けてくださいます。

なお「神宮」と名のつく神社はたくさんありますが、「神宮」といえば、伊勢神宮のことを指します。ここからも伊勢神宮がいかに特別であるかがわかると思います。

この伊勢神宮ですが、神宮の祭主は、神宮が創建されたときから現在に至るまで、変わらず皇族の皇女が務めています。

日本神話・初代ヒーロー神はマザコンだった！

イザナギ命の禊から生まれた三貴子のうち、アマテラス大御神は、神々の国（高天原）を、二番目のツクヨミ命は夜の世界を治めるようにいわれました。

二人は優等生の鑑とばかりに言いつけを守り、高天原と夜の世界を治めました。ところが、末っ子のスサノヲ命だけは、どうにもこうにも手がつけられないダダッ子で、海の世界を治めなさいと言われたのに、母親であるイザナミ命に会いたい、会いたいと言って泣き続け、とうとうアゴのひげが胸に届くほどの大人になっても、泣き続けるありさま。

イザナミ命の死後、黄泉の国でおぞましい妻の姿を見て帰ってきたイザナギ命には、到底、賛成する余地はなく、とうとうスサノヲ命を高天原から追放してしまいます。

そして、スサノヲ命が最終的に流れ着いた先が出雲《いずも》の国でした。

ここからご存知の方も多いであろうお話の登場です。ある村に到着したスサノヲ命は老夫婦に出会います。

彼らには八人の娘がいましたが、毎年一人ずつ八岐大蛇《やまたのおろち》という頭が八つある恐ろしい大蛇に食べられていました。とうとう老夫婦の娘は残りの一人……そんなときに登場したのがスサノヲ命です。

スサノヲ命は八岐大蛇に酒を飲ませ、眠ったすきに切りかかり退治します。八岐大蛇の最後の尾を切り落としたときに出てきたのが、天皇の証として継承されてきた三種の神器《しんき》（八咫鏡《やたのかがみ》、八尺瓊勾玉《やさかにのまがたま》、草薙剣《くさなぎのつるぎ》）の一つである、天叢雲剣《あめのむらくものつるぎ》です。

これは後に草薙剣《くさなぎのつるぎ》と呼ばれるようになり、現在は愛知県熱田神宮《あつたじんぐう》のご神体です。

恐ろしい八岐大蛇を退治したスサノヲ命は、ご褒美に一目惚れした娘、櫛名田比売《くしなだひめ》を嫁に迎えることを許され、出雲の地に腰をおろし、それはそれは幸せな新婚生活をスタートさせます。そして、このお二人の六世の孫が、出雲大社のご祭神、大国主命《おおくにぬしのみこと》です。

スサノヲ命を祭神とする神社は、日本三大祭の一つ、京都の祇園祭が執り行われる八坂神社を総本社とし、全国に二三〇〇社ほどあります。ちなみにスサノヲ命は五穀豊穣、縁結びなどのご利益があるとされています。

二代目ヒーロー神はイジメられっ子だった！

前項で紹介したスサノヲ命の六代目の孫にあたるオオクニヌシ命には、オオナムチ、オオモノヌシなど他にもたくさんの名前があります。

このオオクニヌシ命にも有名な神話があるのでご紹介しましょう。

オオクニヌシ命には、八十神《やそがみ》と呼ばれる八〇人の兄神がいました。

ある日、この兄神さまたちは、因幡《いなば》の国に、それはそれは美しいと評判の八上比売《やかみひめ》の噂を聞きつけます。そこで、因幡の国に出発！　ヤカミヒメに兄弟そろって求婚し、誰か一人を選んでもらうことにしたのです。しかし、末っ子のオオクニヌシ命はただの従者として、因幡の国に大きな大きな荷物を一人で担がされ同行します。

途中、気多之前《けたのさき》（現在の鳥取市、白兎《はくと》神社の場所）で、サメに皮を剝《は》がれ痛くて泣いているウサギに出会います。ウサギは「ワニを騙して隠岐の島から渡ってきたのだけど、あと少しのところでワニにウソがばれて皮を剝がされてしまったの。それで痛くて痛くて泣いていたところに、あなたの兄神たちが通りかかって、まったくのデタラメな治療法を教えられ、傷がひどくなってしまったのです」と言います。

心優しいオオクニヌシ命は正しい治療法を教えてやり、ウサギは回復することができました。

これが『因幡の白兎』のお話で、オオクニヌシ命はここから「医療の神さま」といわれるようになりました。

オオクニヌシ命のおかげですっかり完治した白兎は、たいそう喜んで「八十神たちはヤカミヒメには選ばれず、あなたと結婚するでしょう！」と予言します。そして、この予言は大当たり！　オオクニヌシ命はヤカミヒメと結ばれたのです。

見事にフラれた兄神たちは、怒りのあまり、オオクニヌシ命を殺してしまえば、自分たちにもう一度、チャンスがあるかも！　と、「オオクニヌシ暗殺計画」を立てて、実行に移します。オオクニヌシ命はその度に騙されて二度までも命を落とすのですが、そのたびに、母神さまである、刺国若比売《さしくにわかひめ》が高天原の神さまの力などをかりて、生き返らせます。奇跡の再生を二度も経験したオオクニヌシ命は、このことから「医療の神」に加え、「蘇生の神」としても崇められています。しかし、二度あることは三度ある！　心中穏やかでない母神さまは、このままではオオクニヌシ命はいずれ死んでしまうと察知し、「根の国（黄泉の国とはまた別の地下にある国とも、海の彼方の国ともいわれている）」にいる大神さまに助けを求めるように言います。

根の国に到着したオオクニヌシ命は、須勢理毘売《すせりひめ》という女神に会い、恋に落ちます。スセリヒメはすぐさま、父神であるスサノヲ命にオオクニヌシ命を紹介します。しかし、スサノヲ命は娘婿にふさわしいかどうかを判断するために三度も試練を課します。スセリヒメはその度に父神の目を盗み、オオクニヌシ命にヒントを授け、ピンチを乗り切らせます。そして、四度目の試練のとき、二人はスサノヲ命の隙をつき、根の国を脱出するのです。

こうして無事、生還したオオクニヌシ命でしたが、次に待ち構えていたのは最初の妻であるヤカミヒメと、一緒に根の国から脱出してきたスセリヒメによる「女の大バトル」でした。スセリヒメは非常に気が強く焼きもち焼きで、ヤカミヒメはそんなスセリヒメのいじめにうんざりして、実家の因幡の国へ帰ってしまいます。

ところが、事はこれで一件落着とはいきませんでした。

一族を繁栄させ領土を拡大するために、各地方の権力者の娘たちと結婚を繰り返すオオクニヌシ命。その数、なんと一六人。子供に至っては一八〇人いるといわれています。

このようにして、出雲の国を大きくしていったオオクニヌシ命ですが、妻のスセリヒメの怒りはおさまりません。いつもは、地団駄をふんでヒステリックになるスセリヒメですが、オオクニヌシ命に次の歌を詠みます。

私の愛しい夫、オオクニヌシさま
あなたは男でいらっしゃるから
旅の先々で妻を娶《めと》りになることでしょう

しかし、私は女なので、
私にとっての夫はあなたしかいないのです

どうぞ、やわらかくふわふわしたお布団の中で
沫雪《あわゆき》（泡雪）のように白く若々しい私の胸で
私を愛してくださいな
さぁ、この御酒を召し上がってくださいませ。

妻の一途で健気に愛を求める姿に心打たれたオオクニヌシ命は、今にも他の女性のところに出かけようと跨《また が》っていた馬をおり、家の中に引き返し、それ以来、夫婦の絆を深めていきました。

オオクニヌシ命が鎮座しておられる出雲大社が「縁結びの神さま」「夫婦円満の神さま」といわれる所以です。

その後、オオクニヌシ命は「幽世《かくりよ》の神事の主催神」となり、人間関係の縁だけではなく、この世のいっさいの縁を統率されているといわれています。

オオクニヌシ命の元で行われる神さま全国会議!?

古来より、旧暦の十月十日（今でいうと十一月）に、全国の八百万《やおよろず》の神さまたちは出雲大社で〝縁〟について話し合う会議、「神議《かみばか》り」をすると伝えられています。

そのため神さまがいっせいにいなくなることから十月のことを「神無月《かんなづき》」と呼ぶようになりました（ただし神議りが行われる出雲地方では「神在月《かみありづき》」と呼びます）。

八百万の神さまたちはそれぞれの国を出発、出雲大社の西にある稲佐の浜に到着されます。

浜では斎場を設けて神さまたちをお迎えする神事が行われ、それから一週間のあいだ、オオクニヌシ命の元で「男女の縁」をはじめ「人の縁」「仕事の縁」「お金との縁」など、ご縁を結びつける采配や「天候」「農作物のでき」などについて話し合いがなされます。

ちなみに、この会議をする場となるのは摂社の「上宮《かみのみや》」で、出雲大社の荒垣内には神さまたちの宿舎である「十九社《じゅうくしゃ》」が設営されています。

さて、この会議に唯一出席されない神さまがいらっしゃいます。

伊勢神宮の内宮にまつられている神さま、45ページでもご紹介したアマテラス大御神です。アマテラス大御神は、目に見える世界のご縁を、目に見えない神々の世界、精神世界や死後の世界のご縁はオオクニヌシ命が司ると、神さま同士のお約束のもと「神議り」が行われているからだそうです。

11月出雲大社
では今年も実りある縁をジャンジャンたのむぞ！
オオクニヌシ
良縁！
うちの氏子が…
へ～
ほ～
そうじゃろ
ラジャー
へ～
いいね～

青天の霹靂《へきれき》！　国を譲ってちょうだい事件！

人気神社の一つである出雲大社ですが、この誕生にも神話があります。

どんどん出雲の国を大きくし、平和に暮らしていたオオクニヌシ命一家に、高天原のアマテラス大御神から、突然、こんなことを言い渡されます。

「その国は、もともとは、父であるイザナギ命が国を創って治めよ、と言われた国。その後を継いだ、私の子孫が治めるべきだと高天原会議で決まりましたから、今すぐ出雲の国を譲ってちょうだいな」というものでした。

オオクニヌシ命は温厚な人柄だったので、高天原の使いである建御雷之男神《たけみかづちのおのかみ》に「わたしは構いませんよ。ただ、代がわりをしているので、息子二人に聞いてください」と返答します。

息子の事代主神《ことしろぬしのかみ》もまた、温厚な性格だったので、あっさりＯＫ！　順調に進むと思われた「国譲り」でしたが、もう一人の息子、建御名方神《たけみなかたのかみ》が猛反対！「わしと勝負しておぬしが勝ったら言うことをきいてやる！」と鼻息荒く言い放ちます。

ところが、高天原の使いでやってきたタケミカヅチ神はとても強くて歯が立ちません。タケミナカタ神は出雲から諏訪《すわ》の国まで逃げますが、結局は追い詰められて無条件降伏。

「二度とこの諏訪の国からは出ません。出雲の国もお譲りします」と降参します。約束どおり、タケミナカタ神は諏訪の国を一生出ることはなく、やがて諏訪の国の守護神として諏訪大社にお祀りされるようになりました。

もちろんオオクニヌシ命も国を譲ることを承諾します。しかし、そこはさすがのオオクニヌシ命、一つだけ条件を出すのです。

「国は譲りましょう、ただし、私にもアマテラス様が住んでおられるような、天にも届くほどの宮殿を建ててもらえませんか」と願い出ます。それを聞いたアマテラス大御神はそんなことでよいならお安い御用と、こちらもアッサリOKを出します。

そうして建てられたのが、四八メートルもの高さがあったといわれる出雲大社。伝承だといわれていましたが、二〇〇〇年に、直径一・三五メートルの巨木を三本組にして一つの柱とする巨大柱が出雲大社の境内から発見されました。

現在、この巨木柱は出雲大社で見ることができます。悠久のロマンを感じに出雲に足を運んでみるのもよいのではないでしょうか？

さて、この「国譲り」を成功に導いた神さま、タケミカヅチ神は、奈良県にある春日大社を総大社とする春日系の神社や茨城県にある鹿島神宮にお祀りされています。

最後に、この「国譲り」は、何を意味しているのかについて触れてみましょう。

これは、時の政権を握ろうとしていた大和政権と、すでに巨大で強力な力を持っていた出雲の国の間でなされた「平和交渉」だといわれています。

もし、実際に大和政権と出雲の国が戦っていたら、戦争の傷跡が武器の出土などで発見されてもよさそうなものですが、本当にキレイさっぱり何も発見されていないそうです。

『古事記』は大和政権が我らこそが日本を治める正統な血筋だということを証明するために編纂された本なので、出雲の国の言い分はカットされていますが、どちらにしても「平和解決」を目指す気質が昔から日本人にはあったということでしょう。
この史実を知って日本人であることに誇りを抱きたくなるのは私だけでしょうか？

神さまにかけられた寿命という呪い

「国譲り」が終わった後、アマテラス大御神の孫・邇邇芸命《ににぎのみこと》が葦原中国《あしはらのなかつくに》（イザナギ夫婦の国生みでできた日本の国土）を治めるという命を受け、天岩戸開きのときに活躍した七柱とともに、天浮橋を渡って宮崎県の高千穂に降りてきます。これを「天孫《てんそん》降臨《こうりん》」といいます。

あるとき、ニニギ命が鹿児島県の笠沙之御前《かささのみさき》を歩いていたときのこと。「栄華」のご神徳を授ける木花之佐久夜毘売《このはなのさくやひめ》という見目麗しい女神に一目ぼれし、その場でプロポーズ！　二人は結ばれるのですが、ここでも面白い話があります。

実は、コノハナノサクヤヒメには「永遠の命」をご神徳にもつ岩長比売《いわながひめ》という姉がいました。結納の際、二人の父神である大山津見神《おおやまつみのかみ》は、二人のご神徳を捧げるために姉も一緒に嫁がせたのです。しかし、その深い思いを察することができなかったニニギ命は、あまりにも残念な容姿の姉だけを実家に送り返してしまいます。

このことが原因で、ニニギ命の子孫である天皇は、神の子でありながら「永遠の命」を授かることができず、「寿命」ができたといわれています。

さて、結婚した二人ですが、コノハナノサクヤヒメは何と一夜で身ごもります。ところが、あろうことかニニギ命は自分の子ではないだろう、と疑いをあらわにします。

そこで、コノハナノサクヤヒメは、「あなたの子であれば天つ国の子として生まれ、もし違えば生まれてこないでしょう」と言い、産屋にこもると火を放ったのです。

しかし、その中で無事に三柱の神を生んだことで、コノハナノサクヤヒメは、安産、子育て、火除けの神さまとして親しまれ、富士山本宮浅間大社（静岡県）をはじめ、約一三〇〇社の浅間神社に祀られています。

なお、このときお生まれになった三男の孫が、初代・神武天皇です。『古事記』はこの後も、まだまだ続きますが、今回はこのあたりで、いったん筆をおさめます。

お稲荷さんは、神さま業界きってのセレブな一族!

全国に八万社余りある神社の三分の一が稲荷神社といわれていますが、誤解が多い神社としてもナンバー1なのが稲荷神社です。その一つに、お稲荷さん＝キツネ＝呪われる＝恐いと思っていらっしゃる方が多いということ。中には、拝殿の奥の御扉の向こうには、招き猫のようなキツネ像が祀られていると思っている方もいます。しかし、稲荷神社に祀られているのは、キツネではありません!
お稲荷さんに祀られている神さまは、宇迦之御魂神《うかのみたまのかみ》で、キツネではなく、とってもセレブな神族のご出身なのです。

まずは、父神さまを見てみましょう!
父神さまはなんと、あの八岐大蛇《やまたのおろち》を退治した大ヒーロー、スサノヲ命です。スサノヲ命は、高天原を治めるアマテラス大御神の弟神ですから、ウカノミタマ神は伯母さんに、最高神であるアマテラス大御神をもっているという、超セレブな神族の血筋なのです。ということは、父神サイドの祖父母は、いうまでもなく、日本を創ったイザナギ命とイザナミ命です。

母神系の、祖父神はオオヤマツミ神で、静岡県の三島大社をはじめ、全国にあるオオヤマツミ神社、約二〇〇〇社のご祭神です。

また、兄神さまは、恵方神と呼ばれる「年神《としがみ》さま」。なんとも豪華な顔ぶれの一族ですよね。

もう「お稲荷さん＝キツネ」のイメージはありませんよね！

ちなみに、ウカノミタマ神は、五穀豊穣、商売繁盛、家内安全、交通安全、火災や災難除け、子孫繁栄、学業成就、芸能上達などさまざまなご神徳をお持ちです。

商売をしている方だけの神さまではない、ということも知っておいてくださいね。

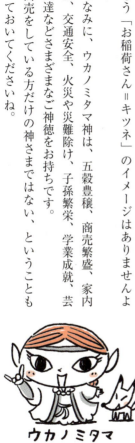

日本人はなぜ神社を大切にしてきたのか?

日本全国には神社本庁に登録されているだけで八万社以上の神社がありますが、なぜ日本人はこんなにもたくさんの神社を大切に守ってきたのでしょうか?

初めて神社ができたとされているのは、古墳時代の三世紀半ば。私たちのご先祖様にあたる古代日本人たちは、『古事記』にあるように、イザナギ命、イザナミ命が生んだ神々が木や山、川、水、草木など、すべての自然に宿っていて、その自然の恩恵=八百万神の恩恵と考えてきました。

たとえば、日本人の主食は今も昔も「米」です。この大切な「稲」。現在においても私たち人間は、稲を植えることはできても、育てることはできません。

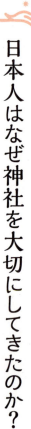

山から流れてくる水、土地の栄養分、風が稲を撫で、太陽が稲を育てます。

魚だってそうです。私たち人間は魚を産むことはできません。花も種を植えることはできても、自然の力がなければ育ちません。木の実だって、取ることはできても、ほしい数だけ実らすことができるわけではありません。

自然界にあるすべてのものは、神さまたちの力によって造られており、私たちはその恩恵を受けて命の糧を与えていただいており、私たち人間は、どれをとっても自然の力＝恩恵を受けずに生きることはできないのです。

古代の日本人たちは、この「生かしていただいている」ということに対して、自然界にいらっしゃるすべての神さまに感謝をささげてきたのです。だからこそ、感謝の気持ちをこめて毎年、稲が収穫できれば稲を供え、大漁であれば海の幸を奉納してきたのです。この感謝の気持ちを述べる場所こそが、神社だったのです。

これが、太古の昔から日本人が神社を大切にしてきた理由です。

ちなみに、このようにすべての自然に神さまが宿っている。その神さまたちを崇める信仰を、自然信仰とか、自然崇拝（アニミズム）と言います。

神さまは異邦人？

現在のように神社に行けば立派な社殿が建っていて、神さまが常駐されるようになったのは、六世紀になって仏教が日本に入ってきてからです。

寺院が建ち始めたことによって、もともと大切にしてきた自分たちの神さまにもお社《やしろ》を建てようということになり、現在のような社殿が建てられるようになりました。

では、太古の日本人たちはどうしていたのでしょうか？　古代の日本人たちは、神さまは「常世《とこよ》の国（海の彼方にあるとされる異世界）」にいらっしゃると考え、豊作などのお礼を述べるときにだけ、仮の祭壇を作り、神さまをお呼びしていたのです。神さまに来ていただく場所は、神聖で清潔で浄化されている場所。こういう場所に神さまは宿られると考えられてきました。それは今も変わりません。

そして、神さまをお招きする場所には、大きく分けて三タイプ（71ページ参照）ありました。

一つ目は、「神籬《ひもろぎ》」。神さまを招くために、神聖な場所に榊を立て、周囲を囲み、注連縄《しめなわ》をはったもの。古来ではこの祭りを行う仮の場所を「神籬《ひもろぎ》」と呼びました。この神籬の形は現在では地鎮祭でみることができます。

二つ目は神籬のかわりに「磐座《いわくら》」と呼ばれる神さまが降臨される岩や石があります。これらは霊石と呼ばれ、三大神宮の一社である鹿島神宮（茨城県）でも磐座をみることができます。

三つ目は、神さまが降臨される場所に石を丸や四角形になるように敷き詰めた場所である「磐境《いわさか》」があります。

世界遺産に名のりをあげている宗像大社《むなかたたいしゃ》（福岡県）に、我が国最古の祭場の一つといわれる古代祭場の「磐境」が現存しています。

その他には、山そのものがご神体という場所もあります。ご神体とは、神霊（神や御霊）が宿る御霊代《みたましろ》や依り代といわれる、神さまを拝む対象となる場所や対象物のことです。

山そのものがご神体である山のことを「神奈備《かんなび》」といいますが、この神奈備をお祀りしている神社が、日本最古の神社の一社といわれる、大神《おおみわ》神社（奈良県）です。ご神体にあたる山は三輪山で、二〇一五年まで禁足地でした。

また、島そのものがご神体である場所もあります。有名なのは宗像大社のご祭神・三女神の長女、田心姫神《たごりひめのかみ》がお祀りされている沖ノ島。沖ノ島は現在でも女人禁制で、沖津宮の神職が一〇日交代で派遣され、常時滞在されています。

このようにご神域とされる場所は、人も獣も鳥も入れないようにして守られてきました。それ故、人の足が遠のき、やがてその場所は長い年月をかけて森と化し、神社は「鎮守《ちんじゅ》の森」と呼ばれるようになったともいわれています。

神さまを招いた3つの場所

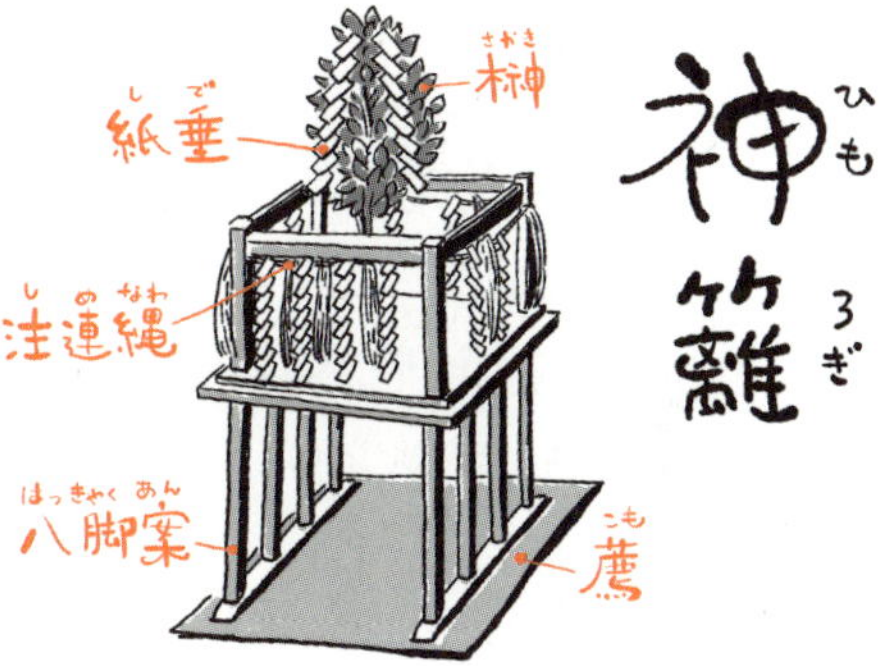

ワクワクしてお参りすると神さまが見える？

太古から人々に大切にされてきた神社ですが、参拝するときには、まず神社の中を十分に見てまわってから本殿に行くのが私の流儀です（伊勢神宮以外）。

神社には末社・摂社、授与所、ご神木、鳥居に狛犬、灯籠、注連縄など、その神社ゆかりの特別なものがたくさんあります。

池や神楽殿もあったりするので、私が神社に行くときは、あちらこちらをじっくり見て、「すご～い！」「素敵♪」と大興奮しながら参拝させていただいています。

その後、「神さま、こんな素敵な神社に来させてくださって本当にありがとうございます！」と嬉々としながらお礼をのべ、目をあけると、拝殿に神さまがいらっしゃるのが見えることがあります。

私は生まれつき人のオーラが見えたり、亡くなった方が見えたり、守護霊さまのアドバイスが聞こえたりする体質なので、神社に行けば、神さまとお話ししたり、そのお姿を拝見できることがあります。そのお姿は女神さまのときもあるし、子供みたいな神さまだったり、子泣き爺みたいな感じの神さまだったり、神社によってお姿は違いますが、参拝する喜びが最高潮に達すると見えることが多いのです。

少しスピリチュアルなお話になりますが、見えたり、お話しできるといっても、守護霊さまや神さま、仏さまは、こちらが見たい、会いたいと思っても見られるわけではありません。神さまたちが、この子にはちらっと見せてあげてもいいかな……と思われるときにだけそのお姿を拝見できる気がしています。

そして、その神さまが姿を見せてあげようかな、と思われるのは、大抵こちらが必死になってお願いをしているときではなく、「うわ～今日は素敵な神社に参拝させてもらえてよかったな～」とか、「こんな気のいい神社にお参りできるなんて私ってツイてる！　神さまありがとう♪」と本当に子供のように無邪気に喜んでいるときが多いのです。

ワクワク感と感謝の気持ちが伝わったとき、あなたにも何かしらのサインが見えるかもしれませんよ。

Q. 結婚・離婚したら、氏神さまは変わるの？

結婚して姓が変われば、氏神さまも変わり、嫁ぎ先の家の氏神さまが、あなたの氏神さまに変わります。嫁ぎ先の氏神さまがわからなければ、嫁ぎ先の住所の土地神さまが、あなたの氏神さまです。ここで気をつけたいことは、姓が変わり、氏神さまが変わったからといって、あなたの元の氏神さまと縁が切れるとか、大切にしなくてもいいということではありません。今まで守り続けてきてくださった元の氏神さまにも時々、会いに行かれるとよいと思います。何といっても、「嫁ぎ先で幸せに暮らしているかな？」と見ていてくださるでしょうからね。

さて、離婚した場合ですが、離婚して姓が旧姓に戻った場合も、氏神さまは旧姓の氏神さまに変わります。離婚し別居しても戸籍が抜けていない場合は、そのまま嫁ぎ先の氏神さまが、あなたの氏神さまです。

Q. 他の神社にあって伊勢神宮にないものって何？

神社といえば、注連縄が張られていて、狛犬がいて、拝殿には賽銭箱があり、鈴がある……というのが、お決まりのように思いますが、伊勢神宮には、これらが存在しません。伊勢神宮は、天皇が国の平安と国民の幸福を祈る場所。現代では、皇族でない私たちも参拝できますが、伊勢神宮そのものの役割は変わっていないため、個人参拝用の鈴や賽銭箱、個人の運勢を占うおみくじがないのです。

また、注連縄は、神聖な場所を示す結界として張られていますが、伊勢神宮の場合は、全域が神聖で清浄な場所であるため、注連縄を張る必要がないのです。その代わり、社殿の柱などには、榊が取り付けられています。狛犬がいない理由は、仏教伝来とともに渡来した狛犬よりも、伊勢神宮は昔（古代）からあるため、元来のかたちを保持するために、狛犬も置かれていません。

コラム　名前が変わる神さま!?

・伊邪那岐神と伊邪那岐命（イザナギノミコト）
・伊邪那美神と伊邪那美命（イザナミノミコト）

ここにあげたように、神さまには、「○○の神」と「○○の命《みこと》」という二つのタイプの名が存在します。

実は、この二柱の神さまは高天原では、イザナギ神とイザナミ神のように、名前に「神」がついていました。

それがなぜ、「命」と名前が変わったのか？　それは38ページでも書いたように、高天原の神々に、下界の海に漂っている、脂のような大地を完成させるように命じられたからです。つまり、使命が下ったわけです。このように、何かしらの使命を帯びたとき、名が「○○の神」から「○○の命」と変わる、といわれています。

2章

祭事は神さまからのスペシャルギフト

お祭りは運気アップの最大イベント！

お祭りは正式には「祭祀《さいし》」と呼ばれ、神社では一年を通してたくさんの祭祀が執り行われています。

もともとお祭りは「奉《たてまつ》る」という言葉に由来しています。また神さまを「待つ」という意味もこめられています。

祭りのときに、お供え物（神饌《しんせん》）をし、舞などを捧げ、神さまをもてなすのは、祭りを通して、日頃のご加護の「御礼」と来年のご加護を「祈願」するためです。

祭りの中でも、もっとも大切な祭祀は、その神社やご祭神にとって特別に重要な意味がある日に行われる祭祀で、例祭とも例大祭《れいたいさい》とも呼ばれます。

「あまりお祭りには行ったことがない」ということであれば、ぜひ氏神神社の例大祭に参加してみましょう。

お祭りの日には、まず、普段閉まっている本殿の扉が開かれ、神職でもトップの宮司さんによって神さまのご分霊を神輿《みこし》に移す「御魂遷《みたまうつ》し」が行われます。

じつは御魂遷しを見てみたいと思い、知り合いの神主さんや氏子さんに会うたびに、無理を承知で申し出てみたことがあります。しかし、「そんなの、ぼくらでも見たことがないのに」と即座に一蹴されました（笑）。

本殿の中というのは、まさに禁忌です。宮司さんですら、普段はご神殿に入られることはありません。

また、例大祭では神輿が登場する場合が多いのですが、神輿は神さまの乗り物。普段は本殿に鎮座されている神さまも、例大祭のときには神輿に乗って、氏子の人たちがどんな生活をしているか、その地域を見て渡られます。このことを「渡御《とぎょ》」といいます。そして、氏子たちに福を分け与えてくださるのです。

ですから、お祭りに参加するということは、運気を上げる最高のチャンス！

ぜひ、お祭りには積極的に参加してみてくださいね。

季節ごとの祭事

1月1日	歳旦祭《さいたんさい》	氏神さまや日ごろ崇敬する神社で1年間の幸福を祈願する
1月3日	元始祭《げんしさい》	皇室の永遠の発展と国運が盛大になることを祈る祭典
1月7日	鏡開き	鏡餅をさげて家族でいただく
2月11日	紀元祭《きげんさい》	神武天皇の建国の偉業を讃え、皇室の永遠と国家の発展を祈る
2月17日	祈年祭《きねんさい》（春祭り）	古くは「としごいのまつり」と読み、穀物、とりわけ稲が豊かに実ることを祈る祭儀。現代では、あらゆる産業の発展と国力の充実を祈願する祭儀
6月30日	夏越《なごし》の祓《はら》え	半年間の罪穢れを祓い清める儀式

10月17日	神嘗奉祝祭《かんなめほうしゅくさい》	新穀を天照大御神に奉る伊勢神宮の祭り。皇居の水田や全国の農家からの初穂を奉納する祭り
11月23日	新嘗祭《にいなめさい》	「新嘗」は新穀を神さまに供える意味。神恩に感謝する秋祭りとも呼ばれる祭り
12月13日	正月事始め	新年の準備に取りかかる日
12月28日	煤払《すすはら》い	神棚や家中の埃を払う掃除をする日
12月28日	松迎え	正月飾り(門松、注連縄)を飾る
12月31日	大祓《おおはら》え	1年間の罪穢れを祓い清める儀式
12月31日	除夜祭	1年の神恩に感謝し、新年が素晴らしいものになるように祈念する

大晦日《おおみそか》は家にいるほうが運気が上がる!?

大晦日からお正月にかけては、一年の中でも最大の運気アップ期間です。まず大晦日ですが、この日は家にいるほうが運気がアップします。というより、家にいないと運をもらえません。

その理由は三つあります。一つ目の理由は、正月さまとか年神さまと呼ばれる神さまが各家に新しい年の「運」を持ってきてくださるからです。

また江戸時代からは、陰陽道の影響で、お正月にはその年の縁起のよい方角（恵方）の山から歳徳神《としとくじん》が来てくださるともいわれています。ですから、大晦日の晩は是が非でも家族全員で新年の「よき運」を運んで来てくださる年神さまをお迎えすべく、自宅で首を長～くして待機しているのが運気アップにつながります。

年神さまは「運を実らせ、回す」神さま

大晦日に家にいると運気がアップする二つ目の理由は、年神さまが「年玉」をプレゼントしてくださるからです。「年玉」とは、一人ひとりが「年齢」を授かることを指します。年はとりたくないから別に要らないわ～なんて思わないでくださいね。

この「年《とし》」は、じつは、「稲」や「稲の実り」という意味があります。年神さまは「稲が実る」＝「新年が実る」というご神徳があり、その新しい年を回す「運の神さま」でもあるのです。その年の縁起のよい吉方位から「新しい年の運」と、新年が実るように「運を回す」というご神徳を家族一人ひとりが受け取れるのですから、家にいない手はないですよね。

そして、三つ目の理由は、お正月に一年に一度だけ、新たに生まれ変わる霊力を授けてくださることです。今年がハッピーだった人も、今いちだった人も、それは去年のこと。年が改まったお正月には、新たに気持ちを切り替えて、パワフルに活動できる「再生の活力」を与えてくださいます。その「再生の活力」は、年神さまが宿る鏡

餅を、鏡開きの日に割って、餅玉にしていただくことで、年神さまの「年魂《としだま》」を分けていただくことができると考えられてきました。この「年魂（餅玉）」を家長が家族に分け与えたことが、「お年玉」のルーツです。ですから、三つ目の運気アップは、お供えした鏡餅をいただくことです。

鏡餅の形は「三種の神器」が起源

鏡餅は、年神さまをお迎えするために供えるお供え物です。年神さまは「稲の神さま」でもあるので、鏡餅はお米で作ります。お米は日本人の命の源であったので、生命力を強化する霊力があると考えられていました。

鏡餅の形が丸いのは、三種の神器の一つである八咫鏡の形をなぞらえたとも、人間の心臓の形を表しているとも、円満に年を迎える、重ねるという意味があるともいわれています。また、鏡餅の上に載せる橙《だいだい》は、二つ目の神器・玉を、干し柿は三つ目の神器・剣をさすといわれていますので、できるかぎりそろえて年神さまをお迎えできるとよいですよね。

また、お餅を大小二段に重ねるのは、月（陰）と日（陽）を表しており、福徳が重なって縁起がいいと考えられたからだとも伝えられています。

鏡餅の準備ができたら、床の間に飾りましょう。家に床の間がない場合は、玄関から遠い場所や、家族が集まるリビングなどがよいといわれています。その場合は、神棚と同じく（神棚は184ページ）、鏡餅に宿られる年神さまに首を傾《かし》げられるくらいの高い位置に置くようにしましょう。

運をめいっぱい引き寄せる鏡餅の切り方

鏡餅を切り分ける際に注意したいことがあります。

鏡餅には年神さまが宿っておられるので、包丁でグサッと切ってはいけません。鏡開きというように「開く」とは、「割る」という意味であり、「切る」という意味ではないのです。なので、手や木槌《きづち》で割るようにします。

小さいとき、この木槌を使って夏休みの日曜大工の宿題をしていたら、「それは神さま用！」と、母に取り上げられたことがありました（苦笑）。

神さまに触れるものにもご神徳が宿ると考え、日用品とは分けて使うというのが我が家の流儀です。ちなみに鏡開きの日は、一般には一月七日。京都では一月四日です。

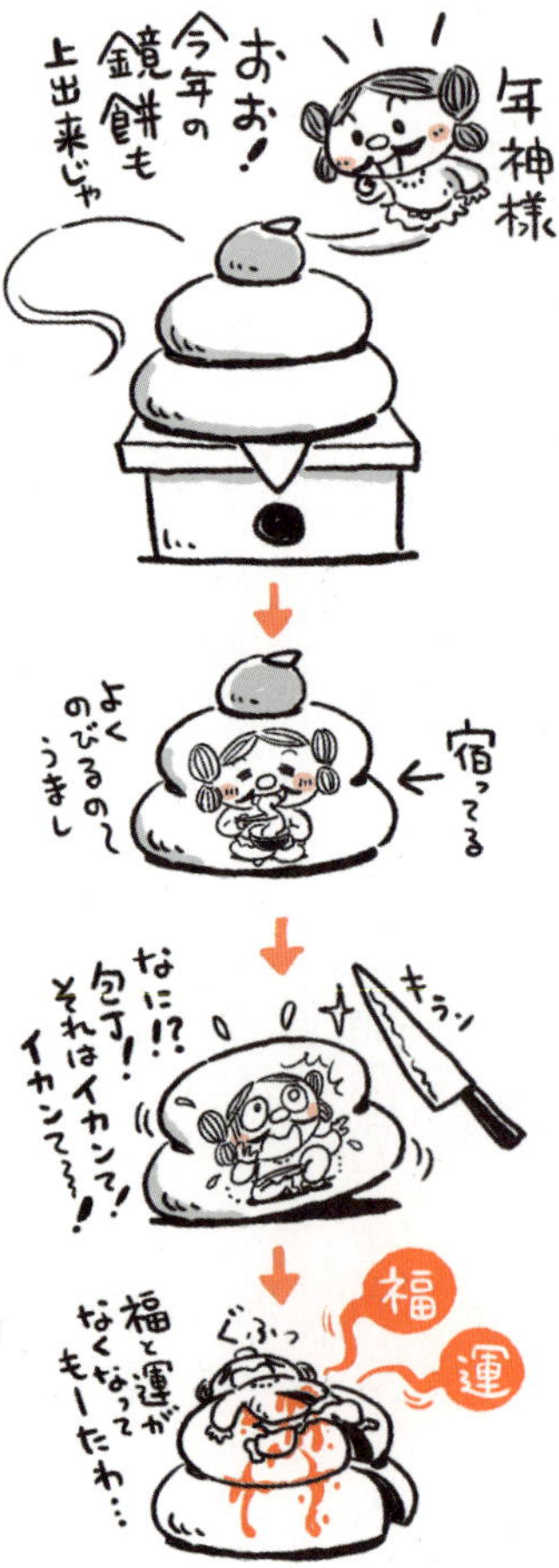

福をもたらす正月飾りの飾り方

正月飾り（門松、注連縄）は、十二月十三日あたりから準備を始めましょう。大掃除をして家中をきれいにし、二十八日に飾るとよいとされています。万が一、間に合わなかった場合は、三十日に飾りつけをしましょう。

注意したいのは、三十一日の大晦日の日に、バタバタと慌てて正月飾りをしないこと。葬儀の準備を連想させる「一夜飾り」といって嫌われます。また、二十九日も「二重苦」で苦しみにつながるという語呂合わせから避けたほうがよいといわれます。

飾りつけを外す時期ですが、鏡餅は、鏡開きの日に床の間からさげてきて、お雑炊などでいただきます。門松と注連縄は、松の内（門松を飾る期間）である十二月二十八日〜一月七日が過ぎたら外します。ただし、松の内の期間は地域によって大きく差がありますので、地元の方や年配者の方に尋ねて確認してみてくださいね。

正月飾りの処分の仕方

鏡餅以外の正月飾り、門松、注連縄、破魔矢の処分の仕方は大きく分けて二つあります。一つ目は神社に持っていって、一月十五日の「どんど焼き」で処分してもらう方法。近くの神社で処分してもらえない場合は、二つ目の方法として、一般ゴミで出しても問題はありません。ゴミ扱いするのは心苦しいと感じるかもしれませんが、お塩で清めて出せば問題ありません。

最近は、環境問題のこともあり、大型ゴミ扱いになるので、「できれば毎年、再利用したいのですが、ダメですか？」と聞かれることも多くなりました。

ダメではありませんが、門松や注連縄などの正月飾りを燃やすのは、どんど焼きで立ち上る煙に乗って、お正月に福を授けに来てくださった年神さまに、きちんと天に帰っていただくための火祭りです。できたら毎年きちんと新しいものに替え、感謝の気持ちをあらわせるとよいと思います。

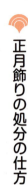

初詣の後は「スポンジタイム」で開運体質をレベルアップさせよう！

初詣にかぎらず、「神社参拝のあとは寄り道をすると、ご利益が落ちるからまっすぐ家に帰ったほうがいいんですよね？」と、よく聞かれます。しかし、神道にそのような教えはありません。

私事で恐縮ですが、私は一カ月に多いときで三〇社ほど参拝することがあります。ほぼ毎日という感じですね。しかし、神社で参拝した後は、とても気持ちがよく、逆にまっすぐ家に帰りたくないことのほうが多いのです。

ですから、たいていの場合は一～二時間、お気に入りのカフェか、お気に入りのお店で食事をしながら、撮ってきた写真を見て、ここは「気」が強かったな～と思い返したり、神職の方に聞いた素敵なお話などを思い出しながら、その日、訪れた神社の余韻にしばらく浸っています。

そうして、体にしっくりとその神社の「気」や「思い出」がなじみ、自然と「よしっ！　家に帰ろう！」と思えてから帰宅しています。

私はこのゆっくりと体にも心にも記憶にも、訪れた神社がしみこむ時間を「スポンジタイム」と呼んでいます。

神社に行き、神さまとお話をすると、感謝の気持ちが芽生え、心がとても穏やかになります。その穏やかな気持ちをスポンジタイムで定着させるのです。

このスポンジタイムでしっかり「気」を取りこんでいるからかどうかはわかりませんが、参拝後にまっすぐ家に帰らなくても、悪いことは一度も起こったことがありません。逆に、夢に向かって一歩ずつ進んでいます。ですので、あまり神経質になる必要はないと思います。

Q.「茅《ち》の輪《わ》くぐり」のご利益って何なの？

茅の輪くぐりは、毎年六月三十日に斎行される「夏越《なご》しの大祓え」のこと。茅の輪をくぐるのは、半年間を無事に過ごせたことへの感謝と、罪穢れを祓って残りの半年も無病息災で暮らせることを祈願するためです。ここでも有名なお話があります。スサノヲ命が妻に会いに南方へ出かけたとき、蘇民将来《そみんしょうらい》・巨旦将来《こたんしょうらい》という名の兄弟に宿を求めます。裕福な弟・巨旦将来は、汚れた服を着たスサノヲ命を門前払いしますが、貧乏な兄の蘇民将来は、粗末ではあったものの座を用意し、粟の飯で精一杯もてなしました。数年後、再び兄を訪れたスサノヲ命は、「この先、疫病が流行ったら、茅で作った小さな輪を腰につけなさい。さすれば、災厄から免れ子孫は永く栄えるだろう」と伝えました。その後、村では疫病が流行、弟一家は根滅しますが、兄の一家は「茅の輪」のおかげで難を逃れました。これが茅の輪くぐりの所以です。

Q. 初詣はお寺？　神社？　どっちに行くべき？

初詣とは、年が明けていちばん最初に神社や寺院にお参りすることをいい、どちらに先に行かなければならないという決まりはありません。つまり神社に行っていただいても、寺院に行っていただいてもかまいません。

元々、初詣というのは、家長が氏神神社に大晦日の晩から元旦にかけて籠もる「年籠もり」という習わしでした。それが、やがて大晦日の晩にお参りする「除夜詣」と、元日の朝にお参りする「元日詣」に二分され、元日詣が現在の初詣の原形となっていったのです。

大切なことは、どちらに行こうとも、初詣の目的は「無事に一年を過ごせたことへの感謝の気持ちを捧げること」と、「今年も健康で平穏に暮らせることを祈願すること」。そのために参拝させてもらうのだということです。

3章

ますます願いがかなう参拝のお作法

神さまを大切に思う気持ちが「神社のお作法」

神社のお作法とは、昔から日本人が神さまに向き合うときに持ち続けてきた心構えのようなもの。「神さまに失礼がないように、神さまを大切にする」心から生まれたものです。

ですから、「参拝するときはこうするべし」という堅苦しい決まりごとがあるわけではありません。基本的には、神職である宮司さんや神主さんたちが行うお作法を簡略化したものと理解するといいでしょう。

たとえば、鳥居をくぐるときは、女性は右側で男性が左側とか、お賽銭《さいせん》は一万円を入れると願いがかなうとか、鈴は一回だけ鳴らすのがよいとか……。

神道ではこのような決まりはありませんが、こういったいろいろな情報が出てくる背景には、それなりの理由もあるのです。なぜなら、神道には、キリスト教や仏教のように、教義・経典がないからです。

何千年もの昔から、神社というのは、その土地に住む氏子さんたちが大切にしてきた神さまへの思いがあります。その土地土地で、たとえば、疫病が流行ったときにこうしたら治まったからお祭りではこうしようとか、長い歴史の中で大切にされてきた習慣・風習に近いものがあるのです。それらを通り一遍の決めごとで縛りたくないという思いが神道にはあったため、教義・経典などを作らなかったといわれています。

また、神道の大切な教えの中に「あなたの良心に任せる」というものがあります。私が十一歳で巫女になる研修に行ったときに教えていただいたことですが、あまりにもルールがなさすぎて、とまどったことをよく覚えています。

しかし、これこそが、日本人の心であり、現在のお作法の礎なのだと確信しています。お作法というのは、つまるところ、神さまに感謝しに行くのだから、「こうしたほうがいいよね」と受け継がれてきた、もっとも美しい「日本人の心の型（結晶）」なのです。

ですから、鳥居の前では一礼したらいいんでしょ？　お賽銭はいくらがいいか教えて！　というものではありません。

あまりにも、〇×の二者択一の教育に慣れてしまった私たちは、AはB、CはDという答えだけを求めすぎてしまう嫌いがあるように思います。

しかし、神社というのは、再三述べてきたように、何千年もの間、誰に言われたわけでもなく、強制されたわけでもない中で、自然と感謝の気持ちから起こり、受け継がれてきたものです。そこには何か、たったひと言では説明できない「思い」と「心」が詰まっているように感じるのです。

お作法を学ぶ際には、ぜひこの「何か」に秘められた「思い」と「心」に触れていただければと思います。

私たちが礼をつくして参拝すれば、きっと神さまも一歩私たちに近づいてくださると思います。

神社のお参りのベストタイムは？

神社に行く時間に決まりはあるの？　この質問も多く受けますが、「断然、朝がいいです。それも早朝です」とお答えしています。なぜ朝がいいのかというと、朝の神社は陽の気で満ちあふれているからです。まるで境内がご神域の質を覚えているかのように早朝にはすっかり入れ替わり、すがすがしい空気に変わっています。一度早朝に参拝に行っていただければ、いかに朝の神社が気持ちのよいものか、納得していただけると思います。ただ、陰の気に変わるのが午後四時といわれており、この時間帯からは自然界全体があまりよくない気に変わります。お祭りの日や大晦日などは別として、私は午後四時以降神社に行くことは避けるようにしています。

観光で訪れた場合など、せっかくだから……と参拝したくなる気持ちもわかりますが、少し早く起きて、朝にお参りをすることをおすすめします。

神さまは金属アレルギー

神さまはじつは金属アレルギーです。キラキラと輝くアクセサリー類はあまりお好きではありません。

そもそも昔の人たちは、参拝する前に近くの川で裸になって禊《みそぎ》を済ませてから、神さまにお参りしたものでした。わが身を清めて神さまの前に出るのですから、余計なものは身につけていません。それが基本と考えると、「アクセサリー類はないのが元の禊後の姿に近い」とおわかりいただけると思います。

神社によっては、昇殿参拝のときには「時計や携帯電話は籠の中に入れてください」と籠や袋を用意してくださっている場合もあります。

神職の方の衣装にもベルトはありません。ベルトには金属がついていますから、袴などは紐《ひも》でしばっておられるのです。

巫女さんたちも、ピアスやネックレスなどはしていません。それが神さまに奉仕する方の服装だとすると、私たちもできるかぎりそのお姿に近い服装で参拝させてもらうのがよいとわかりますよね。昇殿参拝のときにかぎらず、一般参拝のときも、鳥居の前でキラキラした金属系のアクセサリーや帽子、サングラスは外して、バッグの中に仕舞うといった心遣いをみせると、神さまも喜ばれると思います。

また最近はネイルアートも人気ですが、あまりに華美なものは、やはり神社には不似合いな気がします。特に爪は体の中で陰陽の「気」を取りこむ場所だといわれています。体の背面から陽の気。内側が陰の気。この背面と内側が交わるところが「爪」なのです。ですから、できるだけ爪は清潔にして参拝したいものです。

絶対にダメというわけではありませんが、神社の中は「気」がいいので、アクセサリーなどは外し、よりよい気を取りこんでくださいね。

神さまに歓迎される鳥居のくぐり方

神社に行けばまず鳥居が目に飛びこんできます。神社の象徴ともいえる鳥居。神社にあるものの中で、いちばん歴史が古いといわれており、じつは余りにもその歴史が古すぎるため、鳥居の形や起源については、定説はありません。有力説としては、『古事記』にその起源を見ることができます。

アマテラス大御神が天岩戸にお隠れになったとき、神さまたちが「常世《とこよ》の長鳴き鳥」を木にとまらせて鳴かせ、アマテラス大御神が出てこられるのを願いました。その止まり木が鳥居の起源だといわれています。その他「通り入る」がなまって鳥居になったなど、諸説あります。

大規模な神社では、入り口だけでなく、参道の途中にも鳥居があります。参道の入り口にあるもっとも大きい鳥居を一の鳥居、社殿に近づくにしたがい、二の鳥居、三の鳥居となります。

鳥居は「ここからが神さまのいらっしゃるご神域ですよ」という印であり、ご神域を守る結界の役割も果たしています。

強い結界の力を持っているところでは、鳥居のまわりにうす〜い膜が張っているように見えるところもあります。私たちが住む下界からの邪気や悪いものが入ってこないように結界を張っているのです。

神社を参拝するときは、私たち自身と、知らず知らずのうちにつけているかもしれない悪いものを、この結界を通らせてもらうことで、浄化していただいています。

ですから、混んでいるとか、駐車場から遠いという理由で鳥居をくぐらずに参道の横から入ることは遠慮し、鳥居をくぐらせてもらいましょう。

また、神さまは何よりも「清浄」がお好きです。ご神域を汚さず、自分自身も浄化された状態で神さまに会いに行く。そして、鳥居の前では心の中でいいので、ひと言「お邪魔します」と言ってから一礼し、鳥居をくぐらせてもらいましょう。

神さまと鳥居とお尻の三角関係

では、具体的なくぐり方をご説明しましょう。

まず、鳥居をくぐる前には、次ページのイラストのように、「お邪魔します」と、軽く一礼をし、右側か左側に寄って入ります。鳥居の下には参道が通っており、その参道の真ん中は「神さまの通られる道（正中《せいちゅう》）」といわれます。ですから真ん中は歩かず、左右どちらかを歩くようにしましょう。

もう一点気をつけたいのは、鳥居をくぐるとき、たとえば右側から入るときは、結界をまたぐようにして右足から。左側から入る場合は、左足で結界をまたぐようにして入ります。これは、正中にお尻を向けない、つまり神さまにお尻を向けないためです。

決まりとしてではなく、神さまに失礼にあたらない作法として思い出していただければと思います。

鳥居をくぐるとき、神さまにお尻を向けない！

参拝後の帰り道でも、鳥居を出るときは左右どちらかに寄り、入るときと同様、お尻を向けない足から出て、拝殿に向かって「お邪魔しました」と、一礼します。

参道を歩くことで得られるすごい効果

鳥居から拝殿まで続く道が参道です。参道は拝殿とつながっており、参道自体、とてもいい気で満たされています。そしてこのような〝気〟がいいところは浄化する力も強いのです。

参道が長いと「まだ〜？」と不満をもらす人もいますが、長ければ長いほど時間をかけて浄化してもらえるということです。ありがたく通らせていただきましょう。

私がいちばん好きな参道は、福岡県にある筥崎宮《はこざきぐう》の参道です。長さは八〇〇メートルもあり、浜から本殿へとまっすぐに続くこの道は、海からの澄みきったエネルギーに満ちあふれていて、何ともいえない気持ちよさです。

そんな気のいい参道を歩くときは、気を吸いこむようにしてゆっくり歩きましょう。

音楽を聴いたり、下を向いてメールのやり取りをしたり、友達とぺちゃくちゃ喋ったりせず、「これから神さまに会いに行く」のだと、静かに心を整えるようにしてください。私は「祓い給へ、清め給へ」と心の中で祈りながら歩いています。

参道を歩くときは、ペチャ靴で!

神社によっては参道に小石が敷き詰められているところがあります。この小石のことを玉砂利《たまじゃり》と呼びます。玉砂利の玉は「霊《たま》」に通じ、美しい、大切なという意味があるといわれます。

玉砂利が敷かれるのは、その場所を清めるとともに、玉砂利を踏むことで参拝する人の心を清めるためです。

ですから、神社を参拝するときは、この玉砂利をしっかりと踏みしめることができる靴を選びましょう。

ザクッ、ザクッという音からも清められていることを実感できるのは嬉しいものです。

まちがっても、玉砂利を傷つけるようなヒールなどは控えたいところです。

また、境内での飲食についてですが、明治神宮などでは、飲食禁止のアナウンスが流れていますが、ダメ！　といわれるからしないのではなく、それ以前に、とてももったいない行為だと、私は思うのです。

アメを舐めたりガムをかんだり飲食すると、口がふさがってしまい、せっかく「気」の高いご神域にいるのに、ちっとも体に取りこめず、浄化もできません。

神社の境内では、ご神域のありがたい「気」を取りこむことだけに口を使ってみてはいかがでしょうか。

参道の歩き方

①参道の真ん中は神さまの通り道である正中です。真ん中は歩かず、右側か左側に寄って歩きましょう。

②参道を横切るときは、正中を横切ることになるので、本殿に向かって「神さまの道を横切らせていただきます」と心に思いながら、少し頭を下げて横切らせてもらいましょう。

映画館などで人の前を通るとき、「すみません」と言ってちょっと頭を下げて屈むようにする、あのイメージです。

手《て》水《みず》舎《や》で手を洗う本当の意味

参道を進み、拝殿が近づいてくると、手や口を清めるための手《て》水《みず》舎《や》があります。ここで身を清めて参拝の準備をします。

手水舎は、古来から行われてきた禊の形の名残りです。

昔は神社の側に「御《み》手《た》洗《らし》川」「禊川」と呼ばれる川が流れており、そこで全身を清める習慣がありました。

神さまは清浄を好まれ、穢れをいとわれますから、神前に出る前には、禊をして心身の穢れをとり去ったのです。

手水舎は、その禊を簡略化したもの。混んでいても時間と手間を惜しまず、手と口を清めましょう。このことを「手水を使う」といい、次のようなお作法があります。

手水舎での清め方

①
右手でひしゃくを持って、
水をすくいます
（右利き、左利きにかかわらず、
右手で行います）。

②
その水で、左手を
さっと洗い流します。

③
次にひしゃくを左手に
持ちかえて、
右手を洗います。

④
またひしゃくを右手に持ちかえて、
左手に水を少しため、
口をすすぎます。
口に含んだ水は足もとの溝に
なっているところに出しましょう。

⑤
最後は手に持った柄の
部分の汚れを落とすために、
柄を立て、残った水で
洗い流して清め、
ひしゃくを元の場所に返します。

お賽銭と鈴、順序に迷ったときの方法

お賽銭と鈴はどちらが先？　これもよく受ける質問です。

私のツアーでは、「さ行を思い出して」と参加者の皆さんにお伝えしています。賽銭は「さ」で、鈴は「す」です。だから「さ行」を思い出せば、お賽銭が先だなと、すぐに思い出せるでしょう？

神さまが喜ぶ「お賽銭」はおいくら？

「お賽銭はいくら入れたらよいのでしょうか？」という質問もよく受けます。

「ご縁がありますように」で五円、「十分にご縁がありますように」で十五円、「再びご縁がありますように」で二十五円と、語呂を合わせればキリがありません。

「お賽銭はいくらでもいい」というのが答えです。

その理由は、お賽銭とは、もともとは神さまの前にまく「散米《さんまい》」や、洗った米を紙に包んでお供えする「おひねり」がもともとの形だからです。それが貨幣の流通にともない「散銭《さんせん》」となり、「賽銭」になっていったといわれています。

昔の人々は、「命の糧になるお米が今年も穫れました。神さま、ありがとうございます」と言って、神さまに感謝の気持ちを届ける神事（祭り）をしていました。

それが「新嘗祭《にいなめさい》」で、今も各神社では大事な神事として続けられています。この新嘗祭のときに、その年の一番最初に穫れた稲穂を神さまに奉納したことに由来し、稲のかわりとして捧げるお賽銭を「初穂料《はつほりょう》」といいます。

また、一般参拝ではあっても特別に感謝したい気持ちがあり、改まってきちんとお礼がしたい場合は、半紙に紙幣を包んで「初穂料」と上書きし、賽銭箱に入れるやり方もあります（小銭の場合はそのままで大丈夫です）。

次ページのように半紙を三つ折りにし、表中央にくる場所に「初穂料」と書いたあと、上と下を折りこむのです。その場合、神さまに捧げるものなので、「清浄さ」という意味で新券のほうがなおよいとされています。新券を半紙にはさむ上下の向きや表裏の決まりはありません。なぜなら、お賽銭はもともと「お米」だからです。

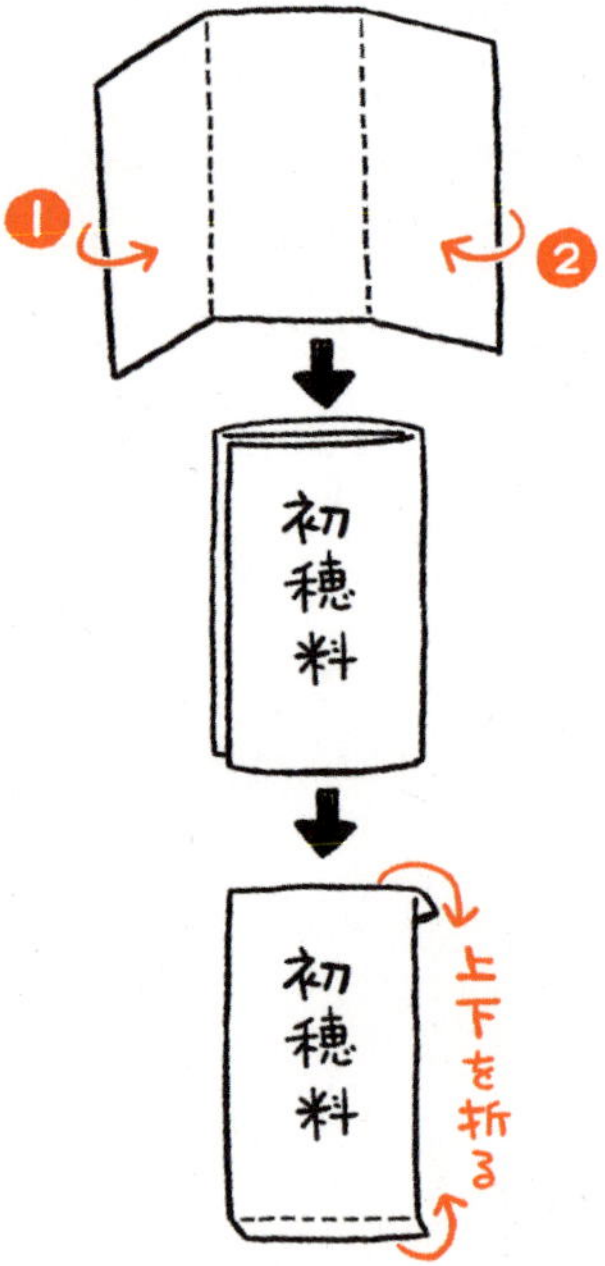

身も心も清めてくれる「鈴祓《すずはら》い」の儀式

鈴を鳴らす行為には、「鈴の音色で自分を祓い清める」という意味があり、鈴祓いといいます。鈴は昔から神霊を招く道具として使われており、古来、魔よけの役割をするものと考えられてきました。よって、邪気を祓うためにも鈴を鳴らしましょう。

回数ですが「何回鳴らす」という決まりはありません。逆に「鳴らせば鳴らすほどいい」ということでもありません。目安としては三回くらいでよいと思います。

よく、神さまに「自分はここにきました」と知らせるために鈴を鳴らすのだという人もいますが、それはちょっと違うと思います。

太古の昔は、祭りごとに仮の祭壇を作り、常世の国にいらっしゃる神さまをお招きするために、鈴を鳴らしました。しかし、社殿がある現在では、神さまは常に目の前におられます。自分の身を清めるために鈴祓いをしてください。

拍手《かしわで》は大きく響き渡るほど神さまに届く

神社の参拝の基本は「二拝二拍手一拝」です。この拍手は、大きく響き渡るほど邪気を祓うといわれています。

大きな音をたてるには、コツがあります。両手を合わせたら、少し右手を下にずらします。そして、手指をそろえ、手のひらの部分を少し丸め、ゆっくり力強く打ち鳴らすのです。参拝のときの立ち位置ですが、参道は真ん中（正中）を避けますが、参拝のときは真ん中に立ってもよいといわれています。

この参拝のお作法の「拍」と「拝」は、古くは弥生時代より行われていたお参りの作法の名残りです。神社の参拝に慣れると、ついお寺に行ったときも習慣で拍手をしてしまいそうになりますが、お寺の場合は拍手はなしで、静かに合掌するのみです。

参拝のお作法

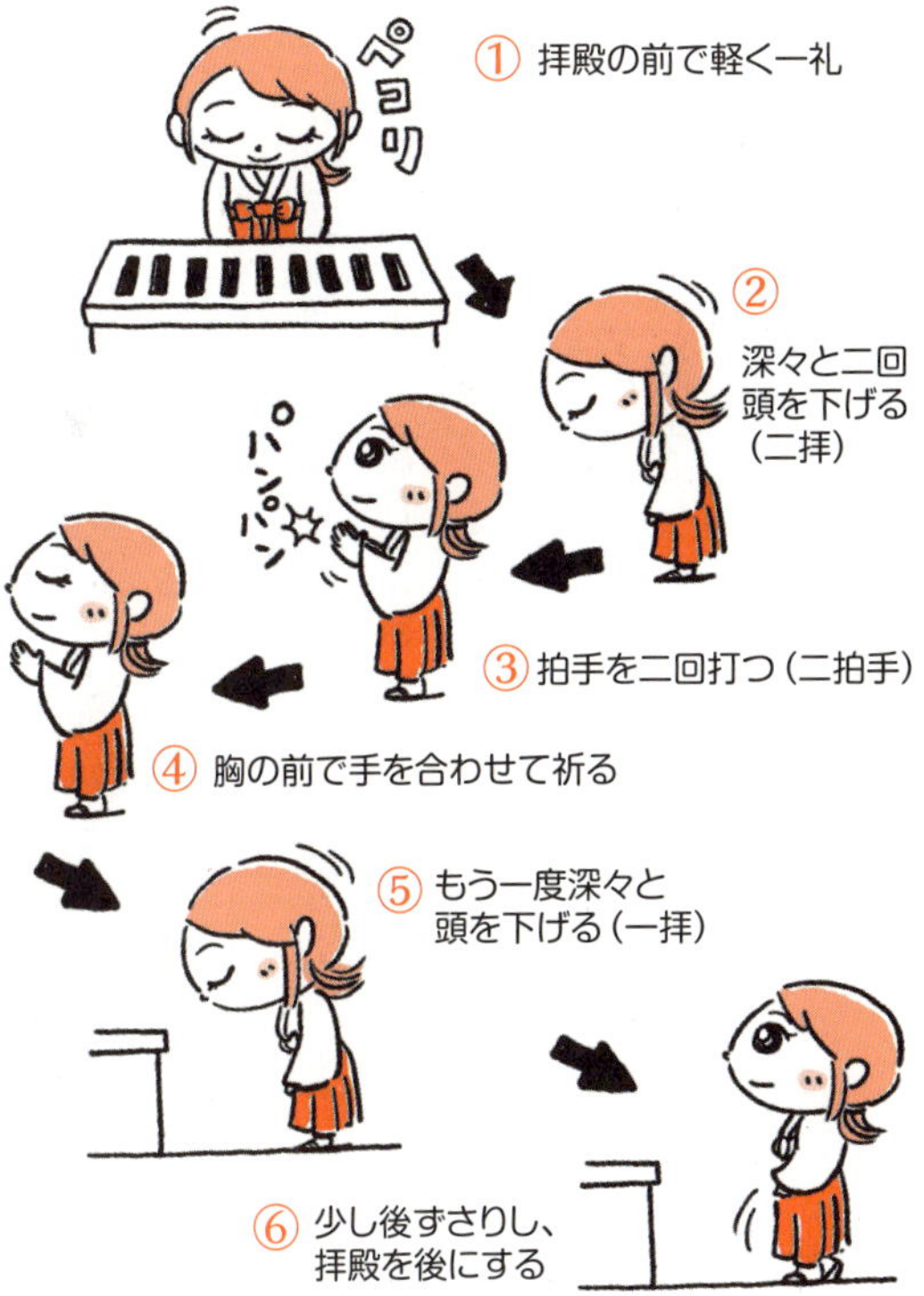
ペコリ
① 拝殿の前で軽く一礼
②
深々と二回
頭を下げる
（二拝）
パン パン
③ 拍手を二回打つ（二拍手）
④ 胸の前で手を合わせて祈る
⑤ もう一度深々と
頭を下げる（一拝）
⑥ 少し後ずさりし、
拝殿を後にする

伊勢神宮は「八《はち》度《ど》拝《はい》八《や》開《ひら》手《で》」で拍手を八回打ち、出雲大社や宇佐神宮では「二拝四拍手一拝」が慣わしのように独自の回数が定められている神社もあります

効果を高める「ついで参り」と「ハイタッチ参拝」

また、旅先や出張先などで、たまたま見かけた神社に参拝することを「ついで参り」などと呼びます。また、旅行会社のツアーなどで時間がなくて、とりあえず行った！　というような、「ハイタッチ参拝」であっても、心をこめて参拝したのであれば、私は効果がないとは思っていません。

「ご縁があって出会ったと思うのでお邪魔します」という気持ちで参拝し、自宅に戻ってからホームページなどを調べてみたりして、「どういう神さまだったのかな〜」と、その神社や神さまにそっと心を寄せる時間をつくってみると、偶然に見かけたように思えた神社も、実は今の自分に必要で、そこにいらっしゃる神さまが呼んでくださったんだろうと思えることが見つかるはずです。

ついで参りで大事なことは、帰宅後の「確認の時間」だと思います。

Q. 神社で撮影してもいいの？

神社での撮影は基本的にはかまわないとしているところが多いです。でも、絶対にしてはいけない大事なことがあります。

それは、「本殿のご神体を真正面から撮らない」ことです。ご神体は神さまなので撮ることは失礼にあたるからです。

ある宮司さんにお聞きしたところ、「社殿全体を撮りたいという場合は、少し離れた位置なら正面から撮ってもいいでしょう」ということでしたが、とはいえ本殿を撮る場合は少し横から撮影し、「ご神体はメインではない」という心積もりで撮らせてもらうようにしましょう。

お守りもお札も「神さまのご分霊が入っている」ので、撮影は控えましょう。

神社によっては境内であっても撮影禁止のところもありますので、写真を撮りたいと思ったときは、必ず許可を得るようにしてください。

Q. 摂社と末社にもお参りしたほうがいいの？

まず、摂社と末社の違いについて押さえてみましょう。
摂社とは、以下のいずれかに属する神社のことをいいます。
1．本殿に祀られているご祭神と関係が深い神さま―后神《きさきしん》（后や妃、娘）、御子神を祀った神社
2．そこの神社に縁のある神さまや、ご祭神の荒魂《あらみたま》を祀る神社
＊荒魂とは、神道における神様の二面性（荒魂と和魂《にぎみたま》）の一つ。（荒魂は、神さまの積極的で活動的な魂の部分と、天変地異や疫病を流行らせる働きをもつ力。一方、和魂は、神さまの優しくて平和的な魂の部分で、私たちにご神徳をもたらしてくれる働きをもっている）。
3．現在のご祭神が祀られる前に、その土地に鎮座していらした土地神さまを祀っている神社

末社は、上記以外の神さまをお祀りしている神社です。

さて、この摂社と末社。お参りしたほうがいいのか、しなくてもいいのか？　ということですが、時間があればゆっくりと一社ずつお参りするとよいと思います。お参りしない場合も、少し頭をかしげて、前をお邪魔します、という気持ちで通らせてもらえばよいでしょう。

私の場合ですが、摂社であろうと末社であろうと、自分の氏神さま、産土神さま、土地神さまが祀られているところでは、必ず足をとめて、ご挨拶をさせてもらっています。そうすることで、きっと「神さまネットワーク」で、「わしのことを忘れずにいるようだな～。よしよしっ」って、なかなか帰れない氏神さまや産土神さまたちが喜んでいてくださる気がしますし、私も気持ちが通じているように思えて嬉しくなるからです。

Q. 手《て》水舎《みずや》の水は何回使ってもいいの？

手や口を洗う水は「お一人様一回まで」が基本！　水は龍の口などから水盤に落ちている水を使えばいいのですが、水が出ていなくて、たまった水しかない場合は、その水をすくって使います。

万が一、水が枯れていたり、たまった水が「口にするのはちょっと……」とためらわれる場合は、「お水の状態がちょっとためらわれるので洗いませんが、これから拝殿に行かせてもらいます」と、心の中でひと言、言ってから行くようにすればいいと思います。

ただ、手水舎の水は「ご神水《しんすい》」です。ジャバジャバと何回も使わずに、一回汲んだ水で作法を終わらせるようにしましょう。これは私が巫女研修のときに教えてもらった大切な教えの一つです。

Q. 身内が亡くなったら参拝はしないって本当？

神道では「死は穢《けが》れ」という考え方をし、その穢れを神聖な場所である神社に持ちこまないために、最大で五〇日間、神社に参拝するのを控えます。日数は、亡くなった人がどれだけ身近な関係だったかで変わります。

・父母、夫、妻、子供の場合――五〇日
・祖父母、孫、兄弟姉妹――三〇日
・曾祖父母、曾孫、甥、姪、伯父、伯母、叔父、叔母――一〇日
・その他の親戚――三日
・特に親しい友人――二日程度

この間は忌中《きちゅう》とし、神社に参拝したりお祭りに参加したり、お札を取り替えに行くなどの行為も慎むようにします。

ただし、「忌中」に大事なお祝いやお祭り、家の新築で地鎮祭《じちんさい》の予定が入っている場合もあると思います。その場合は神社で「清祓《きよはら》い」をしてもらってから行います。神主さんたちも、身内に不幸があるのは避けられません。だからといって「五〇日間は神社に立ち入らない」というわけにもいかないのです。

そこで清祓いをして仕事を始めるのだそうです。

さて「忌中」の間は、自宅の神棚へのお参りも控えます。神棚には、白い半紙のような紙を扉に貼り、神饌や榊なども下げておきます。そして、忌が明けたら紙をはずして、お参りを再開します。

Q.「祟《たた》り」って本当にあるの？

もともと「祟り」とは、神さまが人の前に「顕《た》つ」という意味であり、見えないはずの神さまが姿をあらわすことをいいました。

姿をあらわすとは、天変地異や疫病の流行、人々の身に起こる災厄まで、「普通では考えられない異常な出来事」を神さまの怒りが現れたものだとし、「祟り」と言うようになったということです。

祟り神として恐れられたもっとも有名な人物は、天満宮にまつられている学問の神さま・菅原 道真《すがわらのみちざね》でしょう。

菅原道真は平安時代の文人で政治的手腕にも優れており、時の宇多天皇に重用され、右大臣にまで上り詰めた人物です。時を同じくして左大臣になったのが藤原 時平《ふじわらのときひら》。

ところが宇多天皇が醍醐天皇に譲位して退くと、藤原時平は菅原道真が陰謀をたくらんでいると醍醐天皇に虚偽の進言をし、道真を陥れます。九州の大宰府に左遷された道真は、その二年後、失意のうちに亡くなってしまいます。

ところが、都では、菅原道真の没後、三〇年以上にわたって異変が続出します。

まず六年後に道真の政敵であった時平は三十九歳の若さで病気で亡くなります。その後も何人もの有力者が不審死をとげ、道真公の怨霊の仕業だと恐れられました。

もっとも決定的だったのが、朝儀《ちょうぎ》の最中に宮中の清涼殿に雷が落ち、何人もの要人が亡くなったことです。醍醐上皇までが、落雷を目の前で見たショックから立ち直れずに、三カ月後に崩御されてしまいます。

これには朝廷も都の人々も恐れをなし、菅原道真の魂を鎮めるために北野天満宮（京都市）が創建されました。

その結果、菅原道真の荒ぶる御魂は鎮められ、生前は優れた学者であり文人だったことから、その後は学問の神さまとして信仰されるようになります。

ところで、日本の神さまには両面性があるといわれ、荒魂《あらみたま》と和魂《にぎみたま》の二つをあわせ持っているとされています。

天変地異を起こす祟り神の面（荒魂）があっても、それを祀り鎮めると、和魂の部分が再び浮かび上がり、ご加護をもたらすよい神さまに変わってくれるという考え方です。

日本の神さまが人間臭いといわれるのは、このように二面性があるのも理由の一つでしょう。

そして、この二面性については、私たち人間にも当てはまります。誰しもよい部分が表に出る場合もあるし、悪い部分が出る場合もあります。

しかし、たとえ悪い部分が表に出た場合でも、身辺を清め、穢れを祓い、禊をして心身ともに清めれば、本来のよい魂の部分が表に出てきて、運が開けていく。神道にはこうした考えがあります。

コラム　神社がいちばん多い県は？

日本全国、津々浦々、どこに行っても神社はあります。さて、日本で、神社がいちばん多い県はどこだと思いますか？

現在、神社本庁に登録されている神社は八万社余り。道端や路地裏にひっそりと佇んでいる祠《ほこら》も含めると、一〇万社以上あるといわれています。

明治時代までは、一村一社で全国に一九万村一九万社あり、「村の鎮守の神さまの～♪」というように、小さな村にも必ず神社があったのです。

ところが、神社合祀によって神社も整備され、現在の一〇万社余りまで減ってしまいました。

この一〇万社のうち、神社が一番多い県は、新潟県で四七八六社。二位が兵庫県、三位が福岡県。伊勢神宮がある三重県は三八番目。出雲大社がある島根県は三九番目です。

4章

願いを最速最短でかなえる三つの方法

特別なお願いごとはこうして実現する！

3章でご紹介した参拝の仕方でも、心をこめて神さまに参拝することであなたの願いは今までよりもかないやすくなると思いますが、ときには、今すぐにどうしたらいいのか、具体的なアドバイスがほしいときもあるでしょう。また、病気治癒や合格祈願、仕事に関する中長期的な願いもあるでしょうし、はたまた今すぐに何とかしてほしいという緊急かつ重要なお願いをしたいときもあると思います。

この章では、それぞれの願いを強烈にサポートしてくれる三つの方法――おみくじ、絵馬、昇殿祈願について、順番に詳しく説明していきます。

あなたの特別なお願いごとの実現に役立ててくださいね。

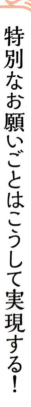

おみくじはいつから始まった？

おみくじの起源は、人々がまだ竪穴式《たてあなしき》住居に住んでいた古代にまで遡ります。

一説によると、邪馬台国の女王である卑弥呼《ひみこ》も、亀の甲羅を焼いてそのひび割れ方でご神意を占う亀《き》卜《ぼく》を用い、さまざまな政治的決定を下していました。

『日本書紀』では、おみくじにまつわる記述が出てきます。

「有間皇子《ありまのみこ》が短籍《ひねりぶみ》を取り、後の天智天皇への謀反の吉凶を占った」というものです。短籍とは小さい紙片に字を書きつけて「くじ」として用いたものです。

南北朝時代の歴史物語『増鏡《ますかがみ》』では、「仁治三年（一二四二）年の四条天皇崩御の際、執権北条《ほうじょう》泰時《やすとき》が鶴岡八幡宮若宮でくじを取り、後継の天子を定めた」とあります。

安土桃山時代には、明智光秀《あけちみつひで》が織田信長に謀反を起こす「本能寺の変」の前日に、京都府亀岡市にある愛宕山《あたごやま》でおみくじを引いて吉凶を占ったという話も伝えられています。

このように、おみくじ、あるいはおみくじの原型にあたるものは、「神さまの御心、お言葉」の表れと考えられ、歴史のさまざまなシーンで重要な役割をになってきました。

現代のおみくじは、中国から入ってきた「天竺霊籤《てんじくれいせん》」がルーツといわれています。それを元に、平安時代の慈恵《じえ》大師《たいし》良源《りようげん》という、天台宗延暦寺中興の祖として有名な僧侶が「観音みくじ」を考案しました。ちなみに慈恵大師良源は、「角大師《つのだいし》」「厄除け大師」とも呼ばれます。

「観音みくじ」は江戸時代のはじめには、全国に広まりました。これには漢詩が使われており、「大吉」や「中吉」など吉凶が記載されていました。江戸時代には、お寺でも神社でも、この観音みくじが使われていたのです。

ところが、明治に入って神仏分離令（神道と仏教との区別を明確にしようとする、維新政府の宗教政策）が出されると、観音みくじは仏教色が強いということで、神社では使われなくなりました。その代わりに、ご祭神にゆかりの和歌を載せたのが、現在のおみくじです。今でも和歌を使っているおみくじが多いのはその名残りです。

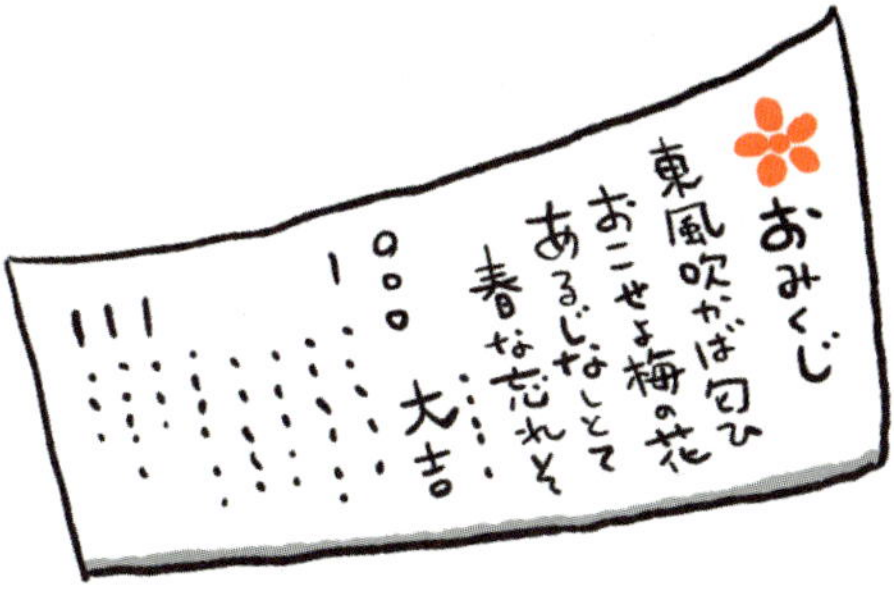

神さまの具体的なメッセージを受け取るおみくじの引き方

おみくじを引いて、「大吉が出た」「凶を引き当てた」ということで一喜一憂している方をよく見かけます（笑）。

しかし、おみくじは神さまからのお言葉、つまりあなたへのメッセージです。よって、大吉だからアタリ、凶だからハズレということはありません。

そこで、神さまからのメッセージを確実に受け取る「おみくじの引き方」についてご紹介しましょう。

まずやっていただきたいのは、神さまのメッセージを受け取るには、神さまに聞きたいことをちゃんと〝質問〟することです。

おみくじを引く前に深呼吸をし、心を落ち着け、聞きたいことを心の中で唱えてから引くこと。

この際、「○○はうまくいきますか？」「今年中にいい出会いがありますか？」などという丸投げの質問はNG！

「こうしたいけれども、そのためのアドバイスをください」というように具体的な質問をしてください。

たとえば転職したいと考えている場合、「今はこういう仕事をしています。もう少し自分の力を発揮できるような会社に転職したいと思っています。それをかなえるために、今、私がすべきことについてアドバイスをください」という聞き方をしてみましょう。

すると、おみくじに書かれている和歌の意味をあなたへの具体的なメッセージとして読みとることができるようになります。

おみくじ「カレー屋さんの法則」

ツアーでも質問の多い項目なので、おみくじを引くときの質問の仕方について、もう少しご説明しましょう。

おみくじを引くときは、具体的に、ピンポイントで質問するのがコツですが、私はこれを「カレー屋さんの法則」と言っています。

たとえば、カレー屋さんでは、メニューにさまざまなバリエーションがあり、きちんとオーダーすれば、自分の好きなカレーが食べられます。

でも「カレーをください」だけでは自分の望むカレーは出てきません。おそらく、「どんなカレーがよろしいですか？　グリーンカレー、キーマカレーなどいろいろありますけど」などと店員さんから問い返されることでしょう。

それから「辛さはどのレベルにしますか？」「ライスはタイ米、雑穀米、白米？」

「トッピングはつけますか?」などと聞かれ、細かく答えていくことで、ようやく自分が食べたいカレーが出てきます。

おみくじも同じです。引く前に自分の心をよく見つめて、「自分はどんなことが聞きたいのか」を吟味し、具体的に神さまに伝えてから引かないと、納得のできる答えは読みとれません。つまり曖昧な質問をすると、曖昧な答えしか受け取れないということです。

これはあなたが誰かに相談ごとをするときも同じではないでしょうか。具体的な質問をするからこそ、具体的な解決策が返ってきます。

おみくじを引くときには、自分が何について、神さまからどんなアドバイスをいただきたいのかをきちんと伝えてから引きましょう。

間違っても「大吉!　大吉」と願って引くものではありません(笑)。

おみくじは神さまからの隠れたプレゼント

「神さまは何でもお見通しだ」と思った体験談をお話ししたいと思います。

イギリス留学から帰国した頃、私には結婚するならこんな人がいいという理想がありました。

身長は一八〇センチ以上、イギリス人で日本文化に興味があり、お互いの家族を大切にし、自分の仕事に熱中してキラキラ輝いており、まじめで誠実で聞き上手な人（私がおしゃべりなので、話を聞いてほしいから！）。映画やコンサートを一緒に楽しめて、精神的にも金銭的にも豊かで健康な「愛妻家！」。

今思うとなんて理想を掲げていたのだろうと思いますが、その当時は真剣（笑）。

これまでになくしっかりと詳細を述べて、「こういう人に会うために何をすべきか、アドバイスをください」とおみくじを引きました。

ところが、おみくじに書かれていたことは……「考えを再考せよ！」。

私は思わずおみくじを取り落としそうになりました。

考え直せなんて……。私の理想は……。私の結婚は……？

当時勤めていた会社の同僚たちに「こんなおみくじを引いた」と見せると、「神さまって本当にすごい！」と大笑いされました。


でも、このおみくじのおかげで、よいこともありました。

一つは「そんなにイギリスが好きなら、今度イギリスのパブに一緒に行こう」とか、「イギリス人の友達がいるから紹介してあげるよ」と同僚たちに言葉をかけてもらい、交流が広がったこと。

もう一つはこのおみくじの内容を母親に話したら、「イギリス人ということを除けば、お父さんそのままだわね」と言われ、「私の理想は今の家族なんだ。いい両親に育ててもらったんだな」と改めて気づき、感謝できたことです。


あなたはおみくじを引くとき、あれもこれもまとめて神さまに聞いたりはしないと思います。そのときに「自分は何をいちばんやりたいのか」「どんな望みをかなえようとしているのか」をよく考えてから、一つに絞りこむのではないでしょうか。その絞りこみの過程を通じて、「自分との対話」ができるのです。

つまり、「自分はどう生きたいのか」「何がほしいのか」「今、どうしたいのか」「何を望んでいるのか」「どうなったら嬉しいのか」をきちんとイメージできるのです。

これは「自分軸」を固めることにつながります。「自分軸」が決まれば、おのずと強力なアンテナを張ることになり、自分に必要なものを引き寄せる力も強まります。「自分軸」は、磁石と同じです。自分軸が強くなれば、磁力が増し、あなたの人生にとって大事なものがぐいぐい引き寄せられるようになるのです。

神さまはたとえ遠まわしではあっても、今のあなたにもっとも必要なことを、おみくじを通して教えてくださっているのです。

ですから、「大吉」「凶」と、結果に一喜一憂せず、「隠された神さまのご神意は何なのだろう?」とおみくじに心を寄せてみてください。

きっと隠された素敵な贈り物を、発見できるはずです。

おみくじは「凶」こそ蜜の味♪

　おみくじは「吉凶」が表記されているだけに、その結果に一喜一憂してしまいがちですが、古来、易の世界では「大吉」はもっとも忌むべき結果とされていました。

なぜなら、「今が最高の状態、油断するといつ運が落ちるかわかりませんよ。気をつけなさい」という警鐘の意味とされていたからです。

「今が最高ということは、これ以上運気が上がることはなく、後は下がるしかないことが示されている、ゆえに有頂天にならずに、謹んで頑張るしかない」と、昔の人たちは受け止めていました。


　逆に「凶」が出た場合、今はどん底かもしれないけれど、これ以上悪くなることはないし、後は上がるのみととらえ、今のように毛嫌いはしていなかったようです。

私も、ツアーの参加者の皆さんには、「凶」こそ蜜の味と言っています。

なぜなら、「凶」が出たということは、「それはよくない」「やめたほうがいいよ」と事前に教えてもらえたことになるからです。

もし、そのまま突っ走ったら、とんでもないリスクを背負うことになるかもしれないのを回避できるのです。つまりこれは、「やりたい気持ちはよくわかるけど、そっちには行かないほうがいいよ」という神さまからの最大のアドバイスなのです。

ちなみに、昔の人たちが最良の結果として歓迎したのは、「平《たいら》」というものでした。今でいう「中吉」です。「平穏無事」なのがいちばんというのは神道の基本的な考え方ですから、「平」を引き当てると、「ありがたい」と喜んだそうです。

京都の石清《いわし》水八幡宮《みずはちまんぐう》や下鴨神社では、現在もこの「平」と書かれたおみくじを使っています。

各社いろいろなおみくじがありますが、本来の意味を知っていると、どんな結果が出ようと、すべてプラスに受け取れるのではないでしょうか。

Q. おみくじ二度引きはNG？

おみくじを引いて「凶」が出たら、内容を読みもせずご神木《しんぼく》にくくりに行き、引きなおす人がいます。しかし、おみくじは、あなたが決定したいことについて、神さまのご神意をお伺いするもの。たとえ、それが不本意なものであっても、引きなおすことは控えましょう。

痛いこと、聞きたくないことほど、ズバリ命中している忠告だった！という経験、一度くらいはあると思います。それと、そういうときに限って、同じ結果を引いたことも……。これは、あなた自身がまだ見えていない、この先の長い人生を見据えての神さまからのご配慮です。そのときはガッカリしても、「神さま、止めてくれてありがとうございます」と、必ず、お礼を言いたくなる日がやってくるはず。神さまの胸をドーンと借りて、大船にのったつもりで次の選択肢を選ぶようにしましょう！ちなみに、おみくじは神さまのご神意を伺うものですから、参拝後に引きましょうね。

Q. おみくじはご神木にくくったほうがいいの？

おみくじは、ご神木に「くくったほうがいい」「くくらないほうがいい」という決まりはありません。

どの神社で聞かれても、大吉であろうと凶であろうと「くくりたかったらくくっていいし、持ち帰りたかったら、持ち帰ってもいいですよ」と言われると思います。

そもそもなぜ神社の木におみくじを結ぶようになったかというと、願いをこめて引いたおみくじをご神木に結ぶことで、「願いが結ばれますように」と人々が念じたことから、自然発生的に始まったようです。

ただし一つ注意していただきたいのは、神社には「ここに結んでください」という指定の「結びどころ」があるということです。

「私はご神木にくくりたいから」といって、勝手に大事なご神木にくくるような行為は絶対にしないようにしましょう。それは参拝者としての礼儀です。

Q. 持ち帰ったおみくじは、どう処分すればいいの？

私は引いたおみくじは、結果にかかわらずすべて持ち帰っています。そして、大事なスケジュール帳にはさみ、大吉だったら「神さまがいいとおっしゃっているんだから、勇気を出して頑張ろう」と自分を鼓舞するために持っているし、万が一「凶」を引き当てたような場合も、ストッパーの役割をしてもらうために持っています。

たまに、おみくじを財布に入れている人がいますが、神さまは清浄なところを好まれるので、財布に入れるのは遠慮されたほうがよいと思います。

さて、おみくじを引いて自分が聞きたかったことへのアドバイスをいただき、その案件が終わったときには、おみくじをお返しする時期だと考えましょう。

神社にはたいてい「古札納所《こさつおさめしょ》」が設けられていますから、そちらに返納するのがよいでしょう。原則として、おみくじを引いた神社に行って、「神さま、ありがとうございました。無事終わりました」とお礼を言ってお返しできるといいのですが、旅先で訪れた遠方の神社だったり、なかなか行けない神社であれば、家の近くの氏神神社やよく行く神社などの古札納所に返されてもいいでしょう。

また、十二月三十一日の夜に、神社の庭で「お焚き上げ」で燃やされているところも多いので、そこで燃やしていただいてもいいですし、一月十五日の「どんど焼き」といわれるお焚き上げのときに燃やしてもらう方法もあります。

ちなみに私のおみくじ処分法について、少しご紹介したいと思います。

おみくじでお尋ねした案件が片付いたら、私の場合は「おみくじ感謝箱」というのを作っていて、そこに入れるようにしています。おみくじ感謝箱は白い箱の底に半紙を敷いたもので、神棚の下の段に置いています。

おみくじはうっかりしていると、あちらこちらに散らばってしまいがちなので、ちゃんとお返しできるように、箱に入れて大切に保管しているのです。

そして、年末に明治神宮にお礼参りに行く前に、箱ごと持っていって一枚一枚お礼を言いながら古札納所に返納します。あるいは、箱ごとお焚き上げをしていただくこともあります。

さて、おみくじは必ず返納しなければならないということでもありません。「いい思い出なので持っていたい」ということであれば、そのまま大事に持っていても問題ありません。

お菓子の箱など何でもOK!
私は感謝箱にまっ白な箱を使っています♫

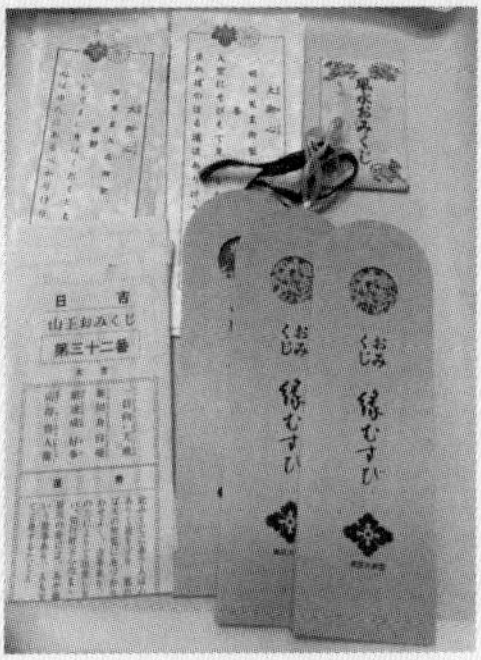

箱の中に神社ごとにまとめて置いていますが、ご自身の好きな方法でかまいません。
清潔にしておくことを忘れずに!

絵馬の始まりは生きた馬の奉納だった

神社の「お札」や「お守り」の販売所には、必ずといっていいほど「絵馬」も置いてあります。

絵馬は、願いごとを書いて指定の場所にかけると願いがかなうとされ、受験シーズンには合格祈願の絵馬が重なって下がっている光景をよく見かけます。

さて、この絵馬ですが、そもそもは生きた馬を神社に奉納したのが始まりだったことをご存知ですか?

古代から、「馬」は神さまの乗り物だと考えられていました。高天原《たかまがはら》（神さまの国）から神さまが人間界に降臨されるとき、馬に乗って降りてこられると、人々は考えていたのです。そこで神さまに祈願をするときや、祭事のときには、神さまにこの世界に降りてきていただくために、生きた馬を奉納したのです。

この風習は、少なくとも奈良時代には定着したようで、このときに奉納される馬のことを「神馬《しんめ》」といいます。

たとえば京都の貴船《きふね》神社は「水神」を祀っていることで知られていますが、平安時代の、『延喜式《えんぎしき》』という古《いにしえ》の神社の決まりごとを書いた書物には、「雨を願うときには（この貴船神社に）黒毛の馬を献納すべし、晴れを願うときには白い馬を献納すべし」と書かれています。

もっとも馬は当時もとても貴重で高価な動物でしたし、神社のほうでも馬の世話をするのは大変だったのでしょう。その負担を軽減するために、生きた馬はやがて絵に描かれた馬に変わっていきました。

平安時代には馬を形取った板に色をつけた「板立馬《いただてうま》」が奉納されるようになりました。これが絵馬の原型です。

神社によっては、願いごとの他に住所・氏名・生年月日を書く欄がある絵馬もあるようです。これはその昔、生きた馬や大きな絵馬を奉納していたときに、奉納者として名前を書いたことの名残りだと思います。

今は個人情報を守る意味もありますし、お願いごとによっては、たとえ知らない人であっても見られたくないこともあると思いますので、住所は○○県○○市と書くぐらいでもいいですし、名前もイニシャルだけでも問題ありません。

「正確に住所と名前を書かないと、私のお願いだとわかってもらえないのでは？」という心配はご無用！　神さまはちゃんとわかっておられます。

伊勢神宮の「神馬《しんめ》」に会うには？

生きた馬を奉納する風習はすっかり絵馬にとって代わられたとはいえ、今でも馬が奉納され、「神馬」として神社の中で飼われているところもあります。

全国に八万社とも一〇万社ともいわれる神社の中で、神馬を見られる神社はほんのひとにぎり。その代表格は、伊勢神宮の神馬でしょう。

伊勢神宮では、外宮、内宮ともに、毎月一日、十一日、二十一日の、一のつく日に神馬が参道を通って正宮に見参する牽参《けんざん》が行われています（三十一日は含まれません）。

金の菊花紋章の馬衣をつけた神馬が、神官とともに正宮の前にお目見えする時間は、だいたい五分程度です。

外宮では正宮前の鳥居の手前。内宮では正宮前の石段下で神馬が牽参します。

「神馬牽参」の時間は、参道を進む時間を含め、約二〇分前後の儀式です。この儀式の間は、神馬の真正面に出たり、前を横切ったり、後ろから追い越したり、写真を撮影するのにフラッシュをたくなどの行為は慎みましょう。

ここで、私が神宮の白い神馬を初めて見たときのことをお話ししましょう。あの感動は今でも忘れられないものです。

神馬は本当に神さまを乗せているかのように、神々しく優雅に歩きます。お辞儀をするときも、人間の私たちよりも、はるかに「神さまの存在」を理解しているように深々と頭を下げるのです。私は神馬を見ているだけで心が震え、気がついたら自然に涙が頬を伝っていました。

伊勢神宮の「神馬牽参」は、目には見えない「神聖なもの」を、はっきりと自分の目でとらえ体感できる瞬間です。一生に一度はあの瞬間に立ち会っていただきたいと、心から思います。今すぐ神宮には行けないけれど、神馬を見たいという方は、伊勢神宮のホームページにある「神宮の音色」をクリックしてください。ほんの数秒ですが、神馬の姿と足音にふれることができます。

http://www.isejingu.or.jp/sound/index.html

神馬に会える神社

（2016年10月現在）

伊勢神宮	三重県伊勢市宇治館町1
神田神社	東京都千代田区外神田2-16-2
多度《たど》大社	三重県桑名市多度町多度1681
日光東照宮	栃木県日光市山内2301
上賀茂神社	京都府京都市北区上賀茂本山339
金刀比羅宮	香川県仲多度郡琴平町892-1
小室《おむろ》浅間神社	山梨県富士吉田市 下吉田5221
石切劔箭《いしきりつるぎや》神社	大阪府東大阪市 東石切町1丁目1-1
大和国《やまとこく》鹿島《かしま》香取《かとり》本宮《ほんぐう》	奈良県奈良市中町2238

公開日や時間などが決まっている場合がありますので、訪問前にはホームページなどで確認するようにしましょう。

絵馬で願いをかなえるにはコツがある！

願いごとをするときに気をつけたいのは、何でもかんでも神頼み。神さまが何とかしてくれるかな、というお願いの仕方です。神社で神さまにお願いごとをするにしても、絵馬に願いごとを書くときでも同じですが、神さまへのお願いは、自分は全力を尽くしても、ここからはどうにも神さまの力添えがないと難しいという「神さまの領域」について願いごとをするようにしましょう。

しかし、実際にはそれができていないことが多いので、気をつけていただきたいところです。

ツアーに参加してくださった方にもこの話をして、「そうですよね～」と、感心してくださっていたのに、いざ絵馬に書かれたお願いは、

・ペットの猫（あいちゃん）が、トイレでおしっこができるようになりますように！

思わず、読み返してしまいました（笑）。

今、笑っているあなたもこんなこと、書いていませんか？　たとえば、

・ダイエットが成功しますように！

・気になっている○○さんにデートに誘われますように！

・次の人事異動で希望の部署に異動できますように……などなど

ペットの猫の躾《しつけ》は、どんなに神さまに祈っても、ある日突然、猫がトイレに行くようになるわけではありませんよね。

ダイエットもどんなに願っても、みるみるやせていくなんてことは、よほどの病気でないかぎり起こりません。ですから、まだ自分でできることがある！　と思えば、一度そのお願いを下げて、一生懸命に自分なりにまず頑張ってみる。そして、人との出会いなど、人知の力を超えたお願いこそ絵馬に書くのがおすすめです。

絵馬のお願いは「虫メガネの法則」で！

絵馬に書く願いごとは一つにしましょう。あれもこれもと書きたいことはたくさんあるかもしれません。いくつもお願いがあって、私もかつては思いつくかぎり書いていた時期がありました（笑）。

それが悪いというわけではないのですが、どうやら神さまは、かなえやすいものから順番にかなえてくださっていることに気がついたのです。

最初のうちはそれに気づかず、「あ～。神さま……それをかなえてくださるなら、あっちのほうが先がよかったな～」と思ったりもしました。でも、それって無理な話ですよね。だって、神さまには、どれをいちばん最初にかなえてほしいのかなんてわかる術がないのですから。

そこで、かなえてほしい順番を打つことにしたこともありました。順番を打つとどうなるかの実験結果は……いちばんの願いごとがかなうのに八年かかりました（笑）。

その後、順番にすべてかなえていただいたので、結果オーライなのですが、いくつもお願いごとを書くと、神さまも力を分散させて同時進行されているように感じたのです。

このときの教訓から、私はお願いごとは一つに絞っています。そのほうが一点集中で願いがかなうスピードが速いのです。

私はこの一点集中お願い攻撃を「虫メガネの法則」と名づけています。虫メガネで光を一点に集中させたほうが、早く燃える実験を一度くらいは皆さんもされたことがあると思いますが、理屈は同じです。

「虫メガネの法則」のもう一つの効果は、自分がいちばんかなえたいことをちゃんと選び決めることができる「力」がつくことです。

そして、この「選ぶ」という作業を通じて、自分の心の声にアクセスすることになるので、「私は、本当はこうしたいんだな～」とか、「今のこの状況がどう変わることを望んでいるのか？」など、心を内観することができるのです。

自分がしたいことや望んでいることは何であるか、瞑想などをすれば、どこからともなく声が降りてきて教えてもらえると思っていらっしゃる方もいますが、そもそも、瞑想というのは、そういうスピリチュアル的なお告げをもらうためのものではありません！

「どう生きたいのか？」「何をしたいのか？」などは、外から教えてもらうものではなくて、自分の内側から出てくるべきものです。それが、絵馬に願いごとを一つだけ書くことで、簡単にできるところが素晴らしいと思うのです。

これからの生き方や人生の指針に迷っているなら、ぜひ一度、絵馬を書きに行ってみてください。

きっと、わからない！　と思っていたあなたの心の声にアクセスできるはずです。

すぐに使える！　お願い文はこう書こう！

では、願いがかないやすいお願い文は、どう書くべきなのでしょうか。
ここでは皆さんからの要望の多い五つの願いごとでみていきましょう。

①子供に関する願いごと——娘が大学に合格しますように！
②病気治癒に関する願いごと——母の病気が治りますように！
③金運・出世・仕事運に関する願いごと——お金持ちになれますように！
④恋愛・結婚に関する願いごと——素敵な人と結婚できますように！
⑤新居、引っ越しなど家族に関する願いごと——理想的な家に住めますように！

①子供に関する願いごと——娘が大学に合格しますように！

←
◆娘にとっていちばんよい大学に合格しますように！
◆今まで頑張ってきた娘が受験の日に精一杯、実力を出せますように！

ポイント
お子さんがどの大学に行くことになっても、これから先の長い人生で、いちばんよい大学を神さまが選んでくださると信じてお願いしましょう！

②病気治癒に関する願いごと——母の病気が治りますように！

←
◆母の病気が思ったよりも早く治り、来年のゴールデンウィークに孫たちと念願の有馬温泉に行って、母がものすごく喜んでいる笑顔が見られますように！

ポイント

「病は気から」ではありませんが、病気が治ったらこんな楽しいことが待っていて、自分もそれを強く望んでいるということを具体的に、期限なども盛りこんで書きましょう。そして、この絵馬の写真を撮って、親御さんに送ってあげてみてください。

あるいは、こんなお願いをしてきたから早くよくなってね！　と、写真を見せながら話してあげてみてください。あなたの早く治ってほしい！　と思う気持ちが回復力をサポートしてくれるはずです。

③ 金運・出世・仕事運に関する願いごと——お金持ちになれますように！

←

◆お金持ちになって生活に余裕ができ、子供たちと毎週、キャッチボールをする時間も取れて、家族がいつも笑顔でいられますように！

ポイント

お金持ちになりたい、出世したい、昇格したい……それには必ず理由があるはずです。

家族と旅行に行きたい、子供と過ごす時間がもっとほしい、子供が習いたいことを習わせてあげたいなど、自由になるお金が増えたことで、どんなことをかなえたいのかを書いてみましょう！

④ 恋愛・結婚に関する願いごと——素敵な人と結婚できますように！

←

◆両親を大切にしてくれる素敵な人と結婚できますように！

ポイント

あなたにとって「素敵な人」とはどういう人なのかを神さまに伝えましょう！

人によって「素敵な結婚相手」の条件は違います。たとえば、自分の両親を大切にしてくれる人が素敵な人と思う人もいれば、高学歴で帰国子女で英語もペラペラと話せる人が素敵な人だと思う人もいるでしょう。あなたの「素敵」とする人がどういう人なのかを神さまに伝えてくださいね！

⑤新居、引っ越しなど家族に関する願いごと——理想的な家に住めますように！

←

◆主人の通勤時間が少しでも短くなるように、勤め先に近いマンションが見つかりますように！

ポイント

④のポイントと似ていますが、あなたの「理想」を神さまに詳しく伝えましょう。

「理想の家」といえば、高級マンション！　という人もいれば、田舎のログハウスが理想の人もいます。子供の喘息《ぜんそく》が治るように、田舎にポツンと建つ畑つきの家が理想だという人もいます。あなたの「素敵」や「理想」は、必ずしも万人の「素敵」や「理想」と同じとは限らないのです。「素敵」「理想的」「格好いい」「可愛い」「キレイ」「素晴らしい」「凄い」などの抽象的な言葉は、人それぞれ価値観が違いますから、神さまにはわかりづらくてかなえにくいのです。神さまに「えっ？　あなたの素敵な人ってどんな人？」と聞き返されないお願い文を書きましょう！

願いごとを確実にかなえる極意

願いごとをした後、「いつかなうんだろう」「まだかしら」と待ち焦がれる人もいるかもしれません。

しかし、「願いごとをかなえる極意」は、願いごとをしたら、その後は目の前の仕事や勉強に打ちこんだり、楽しいことをしたりと、毎日の生活に没頭することです。「願いをかなえるために頑張らなきゃ！」なんて思いすぎず、願いごとは手放すにかぎります。

願いをかなえるために努力するのはもちろんいいことなのですが、いつも「この願いをかなえたい」と思い続けるのは、その願いごとを執拗に手元に置いているということです。これは、手で何かをきつく握っている状態です。

すると、手がふさがっていますから、願いごとにまつわる情報やご縁、チャンスがきても受け取れません。

願いごとを手放して両手を開けておかないと、何もつかめないのです。

つまり願いへの執着は、ひとまず脇におき、四方八方に関心を向け、頭をフレキシブルに回転させ、目の前のことに夢中になることです。

また、「自分の願いはかなうに決まっている」と心の底で神さまを信じることも大事なこと。

これが速く確実に願いをかなえる方法です。

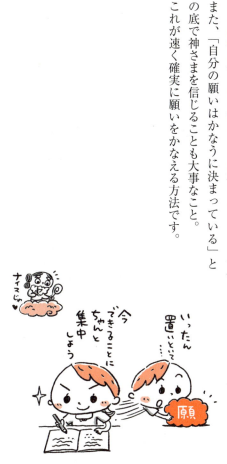

呪いや排斥の願掛けは自分に返ってくるので絶対にしない

私たちの願いをかなえてくれる絵馬ですが、願いを書くときにしてはいけないタブーがあります。それは、否定的なことや悪口を書くこと。

たとえば近所に嫌な人がいるから「あの人がどこかに引っ越しますように」と書くとします。でも、こういう願いは「呪い」と同じです。

こんなことわざがあるのを知っていますか？

「人を呪わば穴二つ」

人を呪う場合は、相手の分と自分の分の二つ墓穴を掘っておくように、という意味です。つまり「他人を呪うと、その報いが自分に返ってきて、自分も死ぬことになるので墓穴が二つ必要ですよ。人を呪うのは、それだけの覚悟がいるし、やるべきことではないですよ」という教えです。

人を排斥するような否定的なお願いは、決してするべきではないと心得ましょう。

たとえば、お姑さんとうまくいっていない人から、「『別居できますように』と絵馬に願いを書きたいのですが、どうでしょうか？」という相談を受けたことがあります。しかし、お姑さんを排斥するような否定的なお願いは、そんなつもりではなくても呪いの範疇に含まれます。そこで、感情的にならずにもう一歩深く考えてみるようすすめました。

「本当は仲良くできたら嬉しいんですよね。経済的にも助かるし、子供の面倒もみてもらえて、自分の手を離れるので楽なわけでしょう。だから『いつの間にかギクシャクしてしまったけれど、本当の親子みたいに仲良くなれますように』というふうに書いてみるのはどうですか？」

とアドバイスさせていただきました。

この場合であれば、「私も努力するので、お義母さんも歩み寄ってくれますように」と書いてもいいでしょう。

「私も努力する」というのは自分の領域です。「お義母さんも……」という部分は他の人のことなので神さまの領域です。他の人のことは自分ではなんともならないので、神さまにお願いするのです。

いずれにしても、否定的なマイナスの言葉を願いごとに書くと、その否定的な念が自分に返ってくるので、幸運どころか不運を招く結果になりかねません。そんな願いごとならしないほうがいいですよね。

Q. 絵馬に願いを書いたのに、なかなかかないません……

「絵馬」で願いごとをすれば、何でもかんでもかなうということでもありません。

それこそ、願いをかなえたところで、本人に受け取る準備ができていない場合もあります。ここでかなわないほうが、長い人生プランではよいと判断される場合もあります。そういうときは、きっと神さまが「今じゃない」と判断されたのね、とアッサリ受け取ることです。

かなわなかったからといって、別にがっかりする必要もありません。

「私はそっちのほうに進まなくていいんだな」、あるいは「自分に足りないところがあるのかな」「願いがかなわないことにも、きっと何か意味があるんだろうな」と受け取ればいいのです。

私はこういう結果が出たときは、「神さまが私に気づいてほしいと思っていることに早く気づきますように」と願いごとを変更しています。

一般参拝より願いがかなう特別な参拝とは？

「願いをかなえるためには、昇殿参拝したほうがいいのでしょうか？」と聞かれることもありますが、本当に神さまにお願いしたいことがある場合は、昇殿参拝して祈願祈禱を受けられるといいと思います。

「プライベートな祈願を神主さんに知られるのは恥ずかしい」「祝詞《のりと》の最中で自分の願いごとを読み上げられるのはちょっと……」という声も聞きますが、そこまでこと細かに読み上げられることはありません。

申込用紙には「心願成就」や「交通安全」「学業成就」などの項目が並んでおり、その中から自分で項目を選ぶようになっています。

その後、神社の中でもいちばん、神さまに近い場所で祝詞をあげてもらい、どこどこの誰がしがこういうお願いで来られましたと、神職の方が神さまに伝えてくださいます。神主さんというのは、別名、「仲取り」ともいわれ、神さまと私たちの仲を取り持つというお役目があるのです。

昇殿させてもらうところは、一段と「気」がいいですし、祝詞をあげていただくと、その瞬間から異空間に誘われる感覚に陥ります。

そして、私が昇殿参拝でいちばん好きなのは、祈願祈禱を受けた後、日を改めて、お焚き上げをしてくださることです。このお焚き上げをしたときに出る煙が高天原に昇っていき、そこにいらっしゃる神さまに願いが届くのです。

昇殿参拝すると、こうして神さまに願いを届けるお手伝いをしていただけるので、やはり願いがかなうのが、一般参拝より早いと感じています。

神社によっては、「祝詞をあげている間に、心の中で皆さんのご希望をお念じください」と言われるところもありますから、「かしこみかしこみ～」と祝詞が始まったら、あなたの願いごとを念じるといいでしょう。

昇殿参拝のときに包むお金を「玉串料《たまぐしりょう》」と言います。111ページの「初穂料」と同じ要領で半紙に包んでもいいですし、市販の熨斗《のし》袋を使う場合は、紅白の水引のついた慶事用のものに玉串料と書いて用意しましょう。

昇殿参拝の振る舞いについては、神主さんがその場で説明してくれますが、祝詞をあげてもらった後に、一人一人前に進み出て、玉串（榊の枝）を受け取りお供えする「玉串拝礼」という儀式があります。その場合、玉串を両手で受け取ったら、時計回りにまわすと覚えておくといいでしょう。

昇殿参拝のときの服装

一般に昇殿参拝するときは、正装といわれています。正装とは、男性はスーツ、女性はそれに準ずる服装です。

特に最高神が祀られている伊勢神宮での昇殿参拝のときは、いつもよりきちんとした服装で行きたいものです。

色も清浄という意味で「白」がいいの？　と聞かれることがありますが、白でないと昇殿参拝できないということもありません。こちらも気になるようでしたら、神社に事前に確認してから行くようにしましょう。

また一般参拝のときも、派手過ぎないように心配りをし、タンクトップやサンダルなどの軽装は避け、常識の範囲内での服装を心がけましょう。

厄年も昇殿参拝？……そもそも厄って何なの？

厄年だから昇殿参拝でご祈禱を……という方もいらっしゃることでしょう。

「厄」という言葉を辞書で引くと「わざわい」という意味が出てきます。

「厄年」とは、陰陽道に起源があるとされ、「災厄にあいやすいとされる年齢」のことをいいます。

男性も女性も人生に三回、大厄《たいやく》があります。

男性 二十五歳、四十二歳、六十一歳

女性 十九歳、三十三歳、三十七歳

厄年は数え年で考えます。「数え年」とは、生まれたときを一歳とし、新年を迎え

るごとに一歳ずつ年を重ねるという計算方法です。

本厄といわれるのは男性は四十二歳で、女性は三十三歳です。なお、本厄の前の年は前厄《まえやく》、次の年を後厄《あとやく》といい、こちらも気をつけることとされています。

本厄とされる理由は、じつは四十二が「しに」で、三十三は「さんざんなとし」という語呂合わせからきているという説が濃厚です。

ただし、厄年でなくても、「最近ツイてないな～」とか「身内に不幸が続いているな」とか、「人間関係や仕事で疲れてしまって、心も体もしんどいな～」などと思うときも、「心の厄」を祓ってもらうために、昇殿参拝してもらうのもおすすめです。

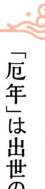

「厄年」は出世の大チャンス⁉

厄年は人生の節目であり、ストレスで体調を崩したり、女性なら出産など、「体調の変化や、社会的な変化がおこりやすい年」ともいわれます。

そこで、その間に災厄が起こらないように、神社で厄払いをしてもらうのです。「厄年だから何か起こるのではないか」と不安に思いながら過ごしていると、「ほらね、やっぱり」と困ったことを引き寄せる原因になります。

でも「お祓いもしてもらったし、大丈夫」と思えれば、安心感が生まれます。「大丈夫」という「気」によって、自分をガードするバリアを張ることができるのです。

仕事がちょっとうまくいかないと、「厄年だから？」と不安になる。不安が強いと気が病みますから、病気になることもあるかもしれません。

また、「厄年だし」と気になっているのは「気がかり」な状態です。何かに気をとられていると、目の前の物ごとに集中できません。極端な話、うまくいくものもうまくいかなくなります。そういうことのないように、「大丈夫」という安心感を得るためにも、厄払いは有効な手段です。

また、厄年といっても、悪い意味ばかりではありません。民俗学者の柳田國男氏によると、厄年の「やく」にはお役目の「役」という意味があり、厄年になると神社の大事な役割「神役」というのが与えられるから「役年」。

たとえば、神輿かつぎは四十二歳と定めている神社も各地に見られますし、神事などの行事を主宰する頭屋《とうや》は六十一歳の氏子が務める決まりになっているところも多く見られます。神役になると、神さまに仕える一年になるので、身を清め、お祓いをしてもらい、祭りなどの晴れの日に備えて行動を慎むことになります。これもまた素敵な厄年の考え方だと思いませんか?

厄年だからと忌み嫌うのではなく、自分が何か役割を果たせる年なのだと思って、厄払いをしてもらい備えればいいのです。

仕事では出世のチャンスの年かもしれません。新しい「大役」をこなせるよう、きちんとお祓いをしておく。そのように積極的に受け取れればいいと思います。

願いがかなったら報告のお参りに行こう

誰かに大事なお願いをして助けてもらったら、あなたならどうしますか？おそらく、「おかげで助かったよ。ありがとう」などと、感謝の気持ちを伝えるのではないでしょうか。神さまに関しても同じことがいえます。

神社に「必ず報告しなさい」という決まりごとはありませんし、そうしなければ罰《ばち》が当たるということでもありませんが、願いごとをしてかなった場合や無事に厄年を過ごせた場合には、祈願をした神社に報告のお参りにいきましょう。

お礼参りのやり方としては、拝殿参拝をして、たとえば「おかげさまで○○の願いがかない、無事○○することができました。お導きいただき、ありがとうございました」というように、言葉でお礼の気持ちを伝えるといいでしょう。

また、半紙で包んだ「初穂料」（111ページ参照）を賽銭箱に奉納すると、お礼の気持ちを形にできるので、気持ちがすっきりすると思います。

お礼参りはできれば感謝の気持ちが強いうちがいいですが、いついつまでにという期限もありませんし、いろいろな事情でその神社に行けない場合は、同じご祭神の別の神社にお参りするか、自宅から遥拝するのでもいいと思います。

大事なのは「報告をして感謝する」という、神さまとの関係を大事にする気持ちです。

コラム 昇殿参拝のときの靴のぬぎ方にはご注意！

昇殿参拝の際、ほとんどの方が、まず普通に靴をぬいで拝殿に上がり、それから靴を外向きにそろえ直すのではないでしょうか？　あるいは、靴が内向きにならないよう、拝殿に背を向けて、靴を外向きにそろえてぬぐ人もいると思います。ところが神社のお作法では、どちらもＮＧ！

拝殿に上がる場合は、靴は内向きのままぬいで、そのままにしておきます。その理由は「お尻」を神さまに向けないためです。

案内してくださる神主さんも内向きにぬいで、そのまま置いておかれるはずです。そして、拝殿を後にするときも、顔を拝殿のほうに向けたまま後ろにさがり、履物を履くようにするのです。

鳥居のときと同様、「神さまにはお尻を向けない」のは、大切な礼儀なのです。

5章

効果を発揮してくれる
お守り、神札・神棚、ご朱印帳

「お守り」を身につけると神さまがそばにいて守ってくれる?

お守りの起源は古代にまで遡ります。八百万の神さまを信仰していた古代の人々は、災厄から身を守ってもらえるよう神さまからのご加護を願って、石や鏡、剣、勾玉など、神さまが依り代として宿るといわれていた呪物を、護符《ごふ》として持ち歩いたのです。これがお守りの起源といわれています。

平安時代になると、貴族たちが「懸守《かけまもり》」といって、木片や小さな書きつけを守り袋に入れたものを身につけるようになりました。

大阪府の四天王寺には、当時平安貴族が身につけていた懸守が保存されています。現存する最古のもので、国宝に指定されています。

今のようなお守り袋に入ったお守りが神社に登場したのは、戦後のこと。それまでは、自分で作った袋に「内符《ないふ》」といわれる小さなお札を入れて、身につけていました。

現在、神社の授与所に並ぶお守りは、神さまの前でお祓いをされ、祈禱《きとう》されたものです。お守り袋の中には紙に包まれた小さな「内符」が入っています。これはいってみれば神札です。神さまの力が宿っていると考えられ、いつも側にいて守ってくれる「護符」の役割を果たしてくれています。ですから、この内符をお守り袋から取り出したり、包んでいる紙を開けたりしてはいけません。開ける行為は「汚す」ことにつながり、神さまの力が弱まってしまうからです。

お守りは身につけるか、カバンの中に入れて、いつも持ち歩くといいでしょう。

また、だいたい一年経ったら買いなおすべき、と思っていらっしゃる方が多いようですが、お守りに期限はありません。

たとえば三年前に買ったお守りは、消臭剤のように、神さまパワーがシューッと無くなり、効力が失われているのかというと、そんなことはありません。

ただし、神さまはキレイ好き♪　ですから、特別に思い入れのあるものでなければ、「清浄さを保つ」という意味で一年が替えどき、ととらえていればよいでしょう。

ちなみに、お守りと、この後ご説明するお札は、一体、二体と数えます。

お守りを処分したいときはどうすればいいの？

基本的にお守りはいただいた神社に返納するのが理想です。いただくときは「守ってください」という願いをこめて受けるのに、お返しに行くのは「ちょっと面倒くさいな」では、神さまに失礼ですよね。

ただ、手元にあるお守りをすべて、買った神社に返納しに行くのは現実的に難しいかもしれません。その場合は、氏神神社のお焚き上げのときに、感謝を述べに参拝に行き、お返しするのがよいでしょう。

また、お焚き上げのときにかぎらず、いつでも自分の都合のよいときに、古札納所《こさつおさめしょ》に返納しに行くというのでも大丈夫です。返納するときは、「お世話になりました。ありがとうございました」というひと言をそえましょう。

Q. 複数のお守りを持つと神さまがケンカする?

「違う神社のお守り」を持っていても、神さまどうしがケンカされることはありません。それぞれのお力を合わせ、協力して守ってくださいます。

神社に祀られている神さまは、一社につき、一柱とはかぎりません。イザナギ命とイザナミ命の二柱が祀られていたり、福岡県の宗像大社のように三柱の女神さまがお祀りされていたりと、複数の神さまが祀られていることのほうが多いです。また、神社の境内には、「摂社」「末社」といったご祭神以外の神さまもお祀りされています。もし神さまどうしがケンカされるということなら、ご本殿には一柱しかお祀りされていないでしょうし、境内の中に他の神さま用の社や祠《ほこら》を建てることもないでしょう。

つまり、神さまどうしは、ケンカなどされないということです。ですから、お守りにしても、次に説明するお札も、安心して複数持っていても大丈夫です。

神札は神さまを家に招き入れること

神社の授与所には、お守りなどと一緒に必ずお札が置いてあります。お札とは、紙製、または木製の札のことです。神社の名前が墨書きで記され、朱色の印が押されています。しかし、「お札はありがたいと思うけれど、手に持つだけで恐れ多いし、どういう意味があるのかよくわからない」と質問されることがあります。そこでお札について、少しお話ししておきましょう。

そもそもお札とは、神棚にご神体として納めるもので「神札」です。神社ではお守りと同じく、神札についてもお祓いをし、祈禱をあげて、御魂を入れてから、授与所に並べています。つまり、神札にも神さまが宿っているのです。神札をいただいて家に持ちかえるということは、神さまを自分の家に招き入れるということ！

「神さまを迎えるからには、きちんとお祀りしましょう」と、私はお伝えしています。

神札の祀り方3つのポイント

①方角

原則として、南向きか東向きにお祀りします。東は太陽が昇る方角で、南は日光がもっともよく当たる方角です。いちばん有名な神札は伊勢神宮の神宮大麻《じんぐうたいま》ですが、神宮のご祭神は太陽の神さまであるアマテラス大御神。そのアマテラス大御神のお力をいちばん強く発揮できる方角、ということで南か東がよいとされています。

②場所

トイレの側などは避け、清浄な場所を選ぶようにします。毎日お参りしやすいところ、家族がいつも集まるところ、いつも自分がいる場所などにお祀りするのも条件の一つです。また、出入り口やドアの上など、人が出入りする場所は避けましょう。神さまが落ち着いてくつろげるところがよいとされるからです。神棚がない場合、タンスや本棚の上、あるいは自分で簡単な棚をしつらえて立てかけるなどして、お札を納めましょう。

③高さ

「大人の目線より高いところに置く」というのも大切な条件です。なぜなら、神さまに拝礼してお参りしたときに、自分の頭の位置が、神さまより低くなる位置がよいからです。

何枚もある神札の並べ方

「訪れた先々の神社で集めたお札が何枚もあるのです」という方もいらっしゃるでしょう。何枚もあるお札の並べ方について、神棚に納める方法と一緒にご紹介したいと思います。

まず、神棚に納める札は、三種類にわけられます。伊勢神宮の神札（神宮大麻）、氏神神社の神札、それから個人的に敬っている崇敬《すうけい》神社の神札です。

次ページのイラストのように、三つ扉がある正式な神棚の場合は、真ん中に「神宮大麻」を納めます。向かって右側には氏神神社、左側には崇敬神社の神札を納めます。

神札の並べ方

崇敬神社
※好きな神社
天照皇大神
氏神神社
いくつもあれば重ねてOK♡
八幡神社
神宮大麻

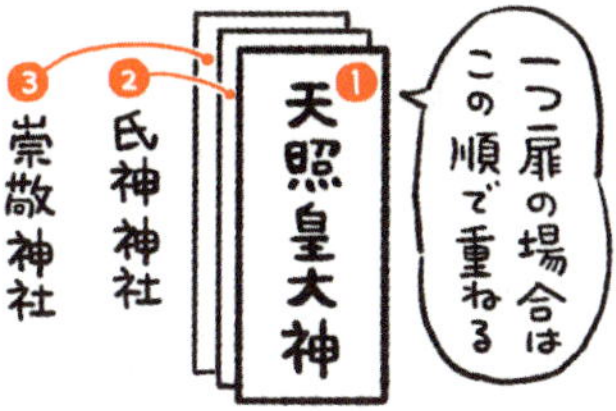
一つ扉の場合はこの順で重ねる
❶天照皇大神
❷氏神神社
❸崇敬神社

神さまと「エア対談」で運気アップ！

私が神棚があってよかったな～と思う理由の一つが、いつでも神さまとお話ができるということです。

神棚がある方は、起床後、洗顔し口をすすいで、心身を清めた後、神社参拝と同じように「二礼二拍手一拝」をする「朝拝」をし、ご先祖さまや神さまに「今日を迎えられたこと」に感謝します。そして、「今日も一日、家族全員が健康で無事に過ごせること」を祈ります。

夜も同じように参拝し、「今日、一日を家族全員が無事に過ごせたこと」に感謝します。忘れたら罰があたるというものではありませんが、神棚を置く、家に神さまをお招きするというのは、このように毎日お参りしたいから置くのです。

旅行に出かけるときなどは、「明日からニューヨークに七日間行きますので留守にしますが、よろしくお願いします」とひと言、伝えておかれるとよいでしょう。

習慣になるまでは大変だと感じることがあるかもしれませんが、慣れてしまえば参拝しないほうが気持ち悪いと思うようになると思います。


私は、朝は神さまと「モーニング・トーク」をしています。どんなことを話しているかというと、「今日は、○○をします！」とか「○○神社に行かせてもらうので、神さまからもあちらの神さまに連絡しておいてくださいね！」と、今日のＴｏ　Ｄｏリストを勝手に報告しています。

そのおかげか、今まで一度も、神社に行くときにケガをしたことはありませんし、電車が止まって行けなかったということもありません。それは、神さまがちゃんと見守っていてくださり、予定している神社まで先導してくださっているからだと思っています。


そして、夜は「神さまにご報告しナイト」タイムです。

「今日はおかげさまで無事に○○神社に行って帰って来られました！　ありがとうご

ざいます」と感謝をのべ、この後、延々と一人で神棚に向かって「○○神社はね。すっごく大きくて、手水舎の水がものすごくキレイで、ご神木のまわりがすごくパワーが強くって……」などと、逐一ご報告しています（笑）。

知らない人が見たら奇妙な光景ですが、こうしてお話ししていると、「そうなの～。よかったね～。それで？」と、神さまがニコニコしながら聞いてくださっているのを感じるのです。

もちろん、神社以外のこともお話しします。たとえば、「今日はAさんのパーティに行ってきて、Bさんというとても面白い人を紹介してもらったんですよ～」とか、「今日は久しぶりにC子ちゃんと会えて楽しかったです。それで、すっごくおいしいお土産をいただいたので、神さまも召し上がってくださいね！」と言って、菓子箱から一つ取って神棚にお供えしたり。

私はこれを「神さまとのエア対談」と呼んでいますが、神棚があれば神さまとこうやってお話しできる場所と時間がいつでも取れます。

スピリチュアルな力（霊力）がある人だけが神さまとお話しできるのだと思ってい

る人が多いようですが、そんなことはありません！

たとえお姿が見えなくても、お返事の声が聞こえなくても、そこに神さまはいらっしゃるのです。ですから、喫茶店で友達と話すように、普通にお話すればいいのです。

お願いごとばかりするよりも、普段のこういうエア対談が多い人のほうが、いざというときに、スッと神さまがお願いごとを聞いてくださるように思います。

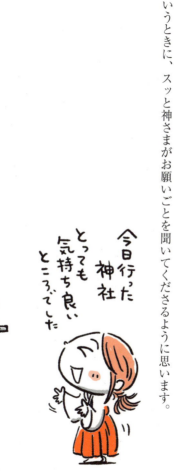

Q. 神棚はあったほうがいいのでしょうか？

「家に神棚がないのですが、やっぱり神棚はあったほうがいいですか？」という質問も多く寄せられます。私は神棚はあったほうがいいと思っています。

ただし、昨今の住宅事情を考えると、神棚自体を設置する場所がないという人のほうが多いかもしれません。

昔は、本棚やタンス、食器棚、洋服ダンスなどがあり、その上に神棚を設置する場所を確保しやすかったのですが、現在は、本棚もタンスも食器棚も壁に収納するタイプが増え、置く場所を探すこと自体が困難な方も多いでしょう。

住宅事情の関係で神棚を置くのが難しい場合は、無理せずに184ページで述べたように、神札を大切にされればよいと思います。

神棚の場所ですが、高い位置がよいとされています。それは拝礼するときに、目線が神棚や神札よりも高くならず、首を傾げることができるからです。

もし、テレビ台やテーブルのような目線よりも低い位置に設置したのなら、いつも座って拝礼するようにすればいいと思います。

大切なことは、神さまに敬意を表せるように拝礼するということです。そして、ほこりなどがたまらないように、小まめに掃除をし、清浄を心がけることです。

そもそも「ご朱印」って何なの？

「ご朱印ガール」という言葉があるほど、今やご朱印は大人気！　最近では、修学旅行生や外国人観光客まで、ご朱印帳を持って神社に参詣している姿を、よく見かけるようになりました。

ご朱印帳も、花柄や鞠《まり》、蝶をあしらったかわいい和風柄のご朱印帳から、龍や鳳凰《ほうおう》が刺繍されたご朱印帳、天体や宇宙をデザインした神秘的なご朱印帳まで、見るだけでも楽しいご朱印帳が増えてきました。

しかし、この人気急上昇中の「ご朱印」とは、そもそも何なのでしょうか？

ご朱印が始まったのは江戸時代に入ってからのことです。もともとはお寺に参詣し、写経（写した経典）を納めた「証」として授与されたものです。そのため、今でもお寺ではご朱印のことを「納経印《のうきょういん》」と呼び、ご朱印帳のことを「納経帳」というところもあります。

ご朱印が一般的に普及したのは、交通機関が発達し、人々が自由に旅行できるようになった明治時代になってからのこと。明治末期には、ご朱印集めを趣味とするコレクターも登場したようです。

ご朱印は「神社に参拝した証」としていただくものです。参拝の後に授与所や社務所にご朱印帳を持っていってお願いすると、神社名と参拝の日を筆で墨書きし、朱色の印を押してもらえます。ご朱印代は、だいたい三〇〇円から五〇〇円といったところです。

ご朱印帳は和紙でできていて、B6判程度の大きさ。ノートや本のような背表紙はなく、「蛇腹《じゃばら》折り」になっていて、屏風《びょうぶ》のように広がります。

さて、ご朱印をいただくときは「参拝をすませてから」が基本です。参拝する前にご朱印帳をあずけて、参拝をすませたあとに取りに行く、という人をよく見かけますが、やはり参拝のあとでご朱印帳への記帳をお願いするのがいいと思います。

時間を惜しまず、ゆっくり時間をかけるのが、神社参詣の醍醐味です。

また、自分では行けないから参拝に行くお友だちに頼んで、ついでにもらってきてもらうというのもいかがなものかと思います。

その神社に行けるのは、神さまとの〝ご縁〟です。ご縁を大切にする人は、よいご縁に恵まれます。

コレクションを優先する前に、ぜひ〝ご縁〟を大切にし、神社を参拝した足跡としてご朱印をいただくようにしてみてはいかがでしょうか。

ご朱印は「幸運」につながる♪

ご朱印は、特別なご利益があるわけでも、願掛けのために集めるものでもありません。神社に参拝した証です。

私がよく皆さんに言うのは、ご朱印をいただいた数だけ、神社に参拝させてもらっているので、それが「幸運」につながっているというお話です。

神社にお参りするたびに神社の持つ清浄な「気」で邪気が祓われます。また、シンとした雰囲気の中で背筋がビシッとし、自分自身と向き合う時間を持つこともできます。

そして何よりもいいのは、よい「気」を体に取りこむ回数が増えるので、開運に向かう行為を意識せずに行っていることです。まさにこれが、ご朱印をいただく最大のご利益ではないかと思っています。

また、私は、ご朱印をきっかけに、神職の方とお話しすることも多々あります。

「境内には木々が多いのに、きれいにお掃除されていらっしゃるんですね。毎日大変でしょうね」と話すと、「ありがたいことに、氏子さんたちが四〇年も毎朝、お掃除のボランティアに来てくださっているのですよ。おかげさまで年を取りましたが、こうしてありがたく神主をさせていただいています」

こんな話を聞くと、「神社っていいな」と心がジ～ンとするのです。

神社は歴史が長いので、現在に至るまで、たくさんの方々の思いや愛情が注がれています。ご朱印をきっかけに、そんなこぼれ話を聞けるのも素敵なことではないでしょうか？

ご朱印帳のおすすめ保管法

ご朱印帳は、雑然とした中にポイと置いておくというものでもありませんし、かといって神棚にあげて保管するものでもありません。

ではどこに保管しておけばよいのでしょうか。頻繁に開け閉めしない引き出しの中や保管専用の箱に入れておくのが、おすすめの方法です。ホコリをかぶらないよう、粗末な扱いにならないよう、清潔を保ち大切に扱いましょう。

私の場合は、神棚の下の段に、おみくじを入れる箱といっしょにご朱印帳も置いています。

ご利益があるとか、願掛けのためのものではありませんが、大事に扱うのがよいかと思います。

Q. お寺と神社のご朱印帳は分けたほうがいいの？

「ご朱印帳はお寺用と神社用に分けるべき」というルールはありません。参拝の印としてのご朱印なので、分けてもいいし、分けなくてもいい。あなたの使い勝手のいいように自由に使っていただいてかまいません。人によっては、お寺用と神社用、「西国三十三カ所」や「四国八十八カ所」めぐりには、特別のものを使うという方もいらっしゃいます。かつて各国の中でもっとも社格が高いとされた一宮《いちのみや》専用のご朱印帳も売られていますし、私は「神宮」「大社」は分けて使っていたり、京都専用のご朱印帳も持っています。しかし、お寺も神社も分けずに、自分が訪れた順番に書いてもらうというのが一般的でしょう。

場合によっては「お寺さんと同じご朱印帳には書けません」と断られるところもありますが、それなりの理由があってのことですから、紙に書かれたご朱印をいただいてくるなど、臨機応変に対応しましょう。

Q. 紙でいただいたご朱印はハサミで切って貼ってもいいの？

ご朱印帳を忘れた場合、そのことを伝えれば、ご朱印帳の大きさぐらいの紙に、ご朱印を書いて渡していただけます。ただし、自宅に戻って愛用のご朱印帳に貼りつけようとすると、いただいたご朱印の紙が大きすぎてご朱印帳に納まらないこともあります。そんなときは、ご朱印帳の大きさに合わせて、上下左右を折ってもかまいませんし、ハサミで切って貼っても差しつかえありません。

切るのは「神社でいただいたものだし、何だか畏れ多い」という人もいますが、ご朱印自体に神札やお守りのような神さまの分霊としての機能はなく、参拝の証です。ご朱印帳の大きさに合わせてハサミで切っても、何の問題もありません。

また、ご朱印の紙を貼るときは、水のりよりもスティックのりのほうが、乾いたときにゴワゴワしたり、膨れ上がったりしないのでおすすめです。

さらにおすすめは、両面テープ。時間がたつとはがれやすいスティックのりの欠点も、カバーしてくれます。

Q. ご朱印帳にはさまれる半紙は捨ててもいいの？

ご朱印は墨汁で書かれるため、書き終わって閉じたときに、隣のページに墨汁がつかないよう半紙をはさんで渡されることがほとんどです。

当て紙としてはさまれるのですが、桜の季節など、桜の花びらを散らしたピンク色の紙など、捨てるにしのびないと思う人も多いようです。

しかし、あくまでも当て紙としての役目でしかありません。墨汁が乾いたら、捨てていただいても問題ありません。

ちなみにご朱印帳は蛇腹になっていて、表裏の両方を使えるようになっているのですが、墨汁が裏に滲《にじ》んでいることがあります。ですから、片面が埋まったら、次の新しいご朱印帳を使っていただいてもかまいません。

私自身も、きれいな状態でご朱印が埋まっていくのを見るのが楽しみなので、片面利用者です。

コラム 神社パパの教え

我が家では祖父が仏さま担当。父が神さまごとを担当していました。毎月、一日になれば、氏神神社にお参りし、その後、神棚を掃除していました。私は何度も手伝おうとしましたが、厳格な父は、一度も神棚に触らせてくれませんでした。

父は、神棚を掃除するときは、まず台所の掃除から始めます。流しだけではなく、コンロ、換気扇、排水溝に至るまでハエも滑りそうなほど二時間くらいかけて、ピッカピカに磨き上げます。そして、次は神棚をおろす台になるテーブルも脚からすべて掃除します。それでやっと準備完了！　神棚をおろし掃除が始まります。榊立ても水玉（お水用のお皿）もすべて洗浄後、熱湯消毒。その後は、天日干し。台所を占領すること四〜五時間。「神さまはキレイ好きで清浄なところに宿られる。いつも守ってくださっているのだから、心をこめてお掃除させてもらうのが当たり前！」。いつもそう言って神棚を掃除していました。

今から思うと、家族の皆が健康でいられること、仕事があることに、心から感謝していたのだなあと思います。

特別付録

あなたの願いをかなえる最強神社ガイド

――イチオシ5社＋ご利益別全国おすすめ神社185社

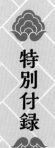

全国には本当に素敵な神社がたくさんあります。
ここからはその中でもとくにおすすめの神社5社に加え、
ご利益別に185社をご紹介しています。
神さまからのアドバイスがほしいと思ったとき、
パワーを充電したいと思ったとき、
ぜひ訪れてみてください。
きっと素晴らしい神さまからの贈り物を
いただけるはずですよ♪

＊神さまのご神徳は一つではありません。
ピンときた神社はホームページなどで
調べてみてくださいね！

愛宕《あたご》神社【東京都】

【主祭神】火産霊命《ほむすびのみこと》（ご神徳）防火防策

〒105-0002 東京都港区愛宕一丁目五番三号
TEL：03-3431-0327

コツコツと努力してきた人にビッグチャンスが訪れる

寛永十一年、三代将軍・徳川家光公が愛宕神社の下を通りかかったとき、満開に咲き乱れた梅を見て、「誰か、あの梅を馬にて取って参れ！」と命じました。しかし、この愛宕山の石段は四〇度の急勾配で、それを馬で駆け上がるなど死刑宣告も同然。家臣たちは目を背け下を向く者ばかり。そんな不甲斐ない家臣たちの態度に家光公の怒りが頂点に達しようとしたとき、軽快に石段を登りはじめた勇者がいました。それが、四国丸亀藩の家臣、曲垣平九郎《まがきへいくろう》です。

家光公は「泰平の世になっても訓練に励み、まことにあっぱれ！　日本一の馬術の名人である」と大絶賛し、平九郎の名は一日にして全国にとどろいたと伝えられています。また非公開ですが、出世・昇運の勝軍地蔵菩薩が配祀されています。これが、東京都港区にある「愛宕神社」が、コツコツと努力してきた人に、ビッグチャンスをもたらす、といわれる由縁です。

ここが見どころ！

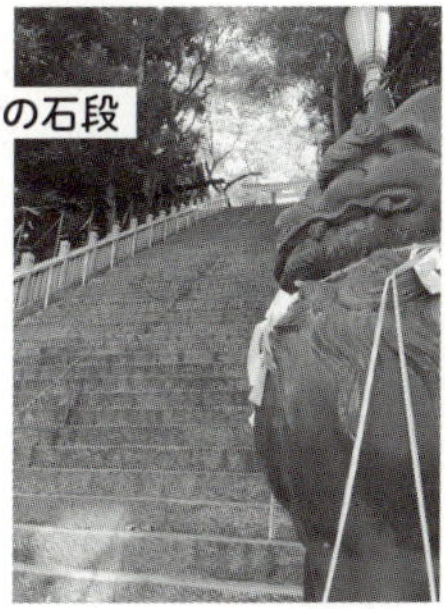

■出世の石段

曲垣平九郎が献上したといわれる梅の木が、拝殿前の庭の左手にあります。「将軍梅」の立て看板もありますので、すぐに見つけられます。

また、拝殿の右横の池の縁にあるベンチに座ってみてください。愛の女神、弁財天舎の方から、「永遠《とわ》の愛」に満ちた「気」が流れてくるのを感じることができると思います。

■「招き石」

出世の石段を登り、拝殿へ続く道の左脇に「招き石」があります。この石を撫でると「福が身につく」といわれています。

授与所では、いかにも仕事運が向上しそうな金箔の「勝運守」と、道開きの神、猿田彦神の天狗のうちわが刺繍された人気のお守りがあります。

徳川家康が自ら「開運出世弁財天《かいうんしゆつせべんざいてん》」と名づけた宝珠院（東京都）でも出世のご利益を授かれますよ！

白兎《はくと》神社【鳥取県】

【主祭神】白兎神《はくとしん》（ご神徳）縁結び・皮膚病・火傷
〒689-0206　鳥取県鳥取市白兎603
TEL：0857-59-0047

かなわぬ恋もかなえてしまう縁結び神社

白兎神社は、神話『因幡の白兎』（50ページ参照）の舞台に鎮座しています。ご祭神は、白兎の「大兎大明神」。参道では一匹一匹すべて表情が違うウサギが迎えてくれます。境内には、ウサギが傷口を洗い治療したといわれる「御身洗池《みたらしいけ》」があり、神話にちなんで皮膚病や火傷、縁結びのご神徳があるとされています。この縁結びの神「白兎」の前で、カップルは二人の絆を深める誓いや約束事を、シングルの方は良縁希望の願いを書いて「白兎起請文《はくときしょうもん》」を納めます。オオクニヌシ命とヤカミヒメの縁結びにちなんだ縁起物「結び石」を鳥居の上にのせ願いごとがかなうように祈ったり、身につけてお守りにするのが大人気です。時間があれば、二〇一〇年に、ラブストーリーの発祥地として「恋人の聖地」に認定された白兎海岸にも足をのばしてみてください。白い砂浜にはワニザメの背中に似た岩礁が弓なりに連なっており、神話のとおりワニザメの背中に見えます。

オオクニヌシ命もこの風景を見たのかな～と、神話の世界にタイムスリップできますよ。

ここが見どころ!

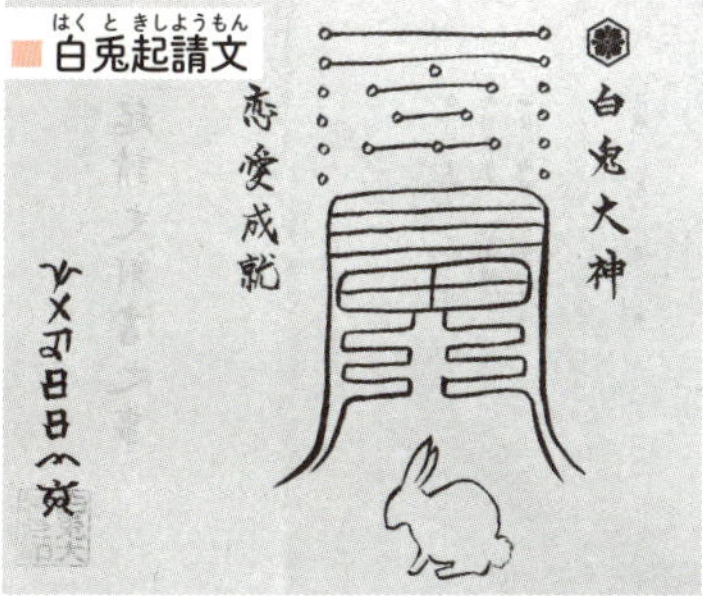

■白《はく》兎《と》起請《きしょう》文《もん》

3枚1セットの神符となっており、うち1枚を奉納し、残り2枚は各自で保管します。

また、おみくじが入っているウサギの置き物はとってもキュートです♪

■結び石

良縁・子宝・繁盛・飛躍・健康の五つの縁を示す「縁」と書かれた白い石を願いごとがかなうように祈りながら、白兎神社の鳥居にのせてみましょう。
また、ご朱印帳もおすすめ。シルバーピンクの布地に、大きな三日月とカップルウサギが施されています。

『因幡の白兎』が縁をとりもったことで結ばれた、オオクニヌシ命が祀られた出雲大社（島根県）とのダブル参拝がおすすめ!

高麗《こま》神社【埼玉県】

【主祭神】高麗王 若光《こまのこきしじゃっこう》（ご神徳）出世開運・子孫繁栄

〒350-1243　埼玉県日高市新堀833
TEL：042-989-1403

歴代総理大臣を六人も輩出した立身出世神社

参拝後、六人もの大臣が内閣総理大臣に就任したことで、皇族、法曹界、文化人（太宰治、尾崎紅葉ら）をはじめ、各業界からも広く崇敬を集めている神社です。ご祭神の高麗王若光は、六六八年に滅びた高句麗の王族出身といわれています。高句麗滅亡後、大和朝廷は、渡来した一七九九人の高句麗人を武蔵国に移住させ高麗郡を設置。高麗王若光を首長に任命しました。しかし、高麗郡設置の場所は、ほぼ未開の原野。その苦労は計り知れず、大変なものだったと伝えられます。高麗王若光が亡くなられた後、郡民は遺徳を偲び、多大なる感謝の気持ちをこめて霊廟を建て、高麗明神として大切に祀ってきました。高麗神社の宮司は、代々高麗王若光の子孫が歴任しており、現在の宮司は若光を初代とする高麗家の六十代目。家系図（原本は披見不可。複製品のみ見学可能　要予約）が伝えられています。高麗郡建郡から一三〇〇年、血筋を絶やさず受け継がれてきたことから、子孫繁栄、子授けのご神徳もあるといわれています。

ここが見どころ!

■ 将軍標

第一駐車場内にある2本の石柱。この石柱は朝鮮半島で古くから伝わる魔除けで、チャンスンと呼ばれます。村の入り口などに建てられ、悪いことが起こったり、伝染病が流行ったときには、チャンスンに祈り祭祀を執り行います。左に「天下大将軍」、右に「地下女将軍」が建ち、男女の標が対になっています。

■ 境内の山頂に高麗水天宮

東京の人形町にある水天宮から、ご祭神・安徳天皇の分霊を勧請されたものといわれ、水難除けに関することはもちろん、無事に子供を産み出す「安産」、病気を押し流す「病気平癒」のご神徳があります。毎月5のつく日には、心身の浄化を祈る「洗心紙」など、特別な授与品を受けることができます。

聖天院（埼玉県）は、高麗一族の菩提寺。ご神徳を高麗神社でいただき、その後、「気」のよい聖天院にお参りするとすがすがしい気分に。願いがかなう鐘もあるので参詣してみてくださいね。

晴明《せいめい》神社【京都府】

【主祭神】安倍晴明御霊神《あべのせいめいごりょうじん》（ご神徳）魔除け・厄除け
〒602-8222 京都府京都市上京区晴明町806
TEL:075-441-6460

霊力が高まり、スピリチュアルなメッセージを受け取れる

天才陰陽師・安倍晴明が祀られている神社。生前の偉業を讃えるため、寛弘四年に一条天皇が晴明公の屋敷跡に当神社の創建を命じました。晴明公が幼少期より非常に高い霊力を持っていたエピソードとして、師匠である陰陽寮の頭・賀茂忠行の夜行に幼い晴明公がお供をしたとき、鬼の姿を見て忠行に知らせ、事なきを得たという記録が「安倍晴明随忠行習道語」に残っています。忠行は晴明の人並みはずれた才能に惚れこみ、その後、片時もそばから離さず可愛がり陰陽道のすべてを教えたそうです。実際、式神《しきがみ》（陰陽師が呪詛をかけて操る精霊）の扱いで晴明の右に出るものはいなかったようです。また、卓越した知識と、鬼才の技術で実績・実力に加え、高徳な人柄から天皇をはじめ、貴族、庶民からも不動の信頼を得ていました。村上天皇に仕えていたときには、すすんで唐へ渡り、城刑山に住む伯道仙人から「神伝《しんでん》」を伝授されています。帰国後、これを元に日本独特の陰陽道を確立。朝廷の政治や生活の規範を決めました。今日残っている年中行事や暦術、占法はこのときに創られたものといわれています。

ここが見どころ！

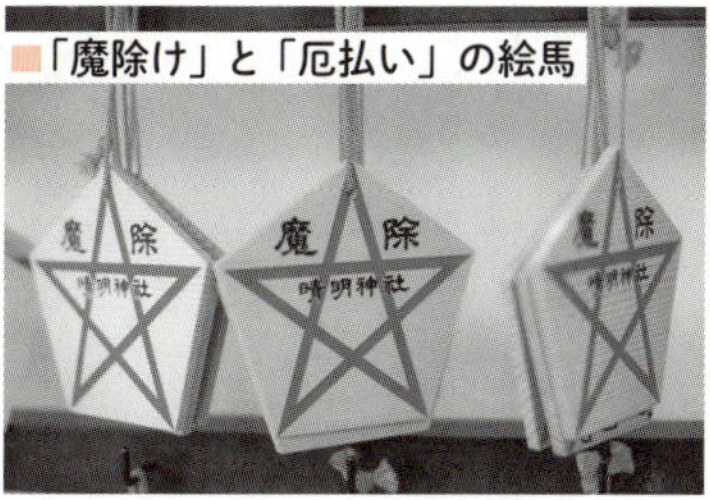

「魔除け」と「厄払い」の絵馬

晴明神社の絵馬はシールを貼れるので、他の人に書いた内容を見られる心配がありません。2014年ソチオリンピックで金メダルを獲得した羽生結弦さん、夢枕獏さん、江原啓之さん他、多くのプロ野球選手も絵馬を奉納されています。

天才陰陽師の式神《しきがみ》

一の鳥居から境内に行く途中の左手に、旧・一條戻橋が復元されています。晴明公の奥様が式神を恐がられるので、この橋の下に封じていたと言われています。式神とは、陰陽師が使役する精霊で人の目には見えません。これも有名なお話ですが、この橋を渡ってやってくる来客を占う橋占《はしうら》を式神がしていたと伝えられています。

下鴨神社＆上賀茂神社（京都府）は、晴明の才能を見出し育てた師匠・賀茂忠行一族の氏神神社。賀茂氏は造化三神の子孫。神がかり的な霊力をつけ、人生の素晴らしい師匠に出会いたい人におすすめ！

湯殿山《ゆどのさん》神社・奥宮

【山形県】

【主祭神】少彦名命《すくなひこなのみこと》 他　（ご神徳）病気平癒・無病息災

〒997-0532　山形県鶴岡市田麦俣六十里山7
TEL：0235-62-2355

出羽三山神社の一つ。門外不出のご神体で無病息災を願う

一四〇〇年余り前。第三十二代崇峻《すしゅん》天皇の皇子・蜂子皇子《はちこのおうじ》が三本足の霊鳥《れいう》の導きにより出羽三山（羽黒山、月山、湯殿山）を御開山され、現在でも多くの修験者に尊ばれている清浄神秘な霊場です。明治以前は、羽黒山で観音菩薩（現在）、月山で阿弥陀如来（過去）、そして、当時三山に含まれていた葉山や薬師岳では薬師如来（未来）の三関を乗り越える「三関三渡《さんかんさんど》」の修行に励み、最後に三山を超越した世界として、裸足で湯殿山に登拝し、大日如来と一体となり即身成仏（生きたまま悟りを開く＝新しく命を賜り生まれ変わる）の妙果を得るとしていました。現在は、羽黒山、月山、湯殿山の三山になり、湯殿山神社・奥宮では、今なお裸足になり祓いを受けなければ参拝することは許されず、ご神体に至っては古来より「問うな！　語るな！」と伝えられ、話すことを禁じられています。江戸時代の俳聖・松尾芭蕉も、「語られぬ湯殿にぬらす　袂《たもと》かな」と詠み、「この山中の微細、行者の法式として他言することを禁ず。よりて筆をとどめてしるさず」と『奥の細道』に残しています。

ここが見どころ！

■湯殿山神社大鳥居

大鳥居からご神体（熱湯が湧き出る茶褐色の巨大な岩）までは、シャトルバスで5分、徒歩で20分。裸足でご神体に登頂参拝し、足湯をしながら無病息災を祈る（タオル持参が望ましい）。

■御滝《みたき》神社滝壺

ご神体の裏手から90mの鉄の梯子を下りると、修験者の行場、御滝《みたき》神社がある。
ご祭神の瀬織津姫《せおりつひめ》は、大祓《おおはらえの》詞《ことば》に登場する神で、祓戸四神の一柱でもある。すべての災い・厄を祓ってもらえるので、ぜひ参拝を！
御滝神社から神橋までの両岸に祀られている13社の末社を巡る「沢駆け」もお忘れなく！

羽黒三山、月山（月山神社）、羽黒山（出羽神社）、湯殿山（湯殿山神社・奥宮）をお参りし「三関三渡」の徳を得てみるというのはいかがでしょうか？

ご利益別全国おすすめ神社リスト

開運招福・家内安全・心願成就

北海道神宮	〒064-8505 北海道札幌市中央区宮ケ丘474 電話:011-611-0261
千歳神社	〒066-0046 北海道千歳市真町1番地 電話:0123-23-2542
伊豆山《いずさん》神社本宮	〒014-0004 秋田県大仙市泉町8-59 電話:0187-62-4134
鹽竈《しおがま》神社	〒985-8510 宮城県塩竈市一森山1-1 電話:022-367-1611
湊《みなと》 稲荷神社	〒951-8018 新潟県新潟市中央区稲荷町3482 電話:025-222-6549
神明宮《しんめいぐう》	〒921-8031 石川県金沢市野町2丁目1-8 電話:076-241-1613
諏訪大社 (下社秋宮)	〒393-0052 長野県諏訪郡下諏訪町5828 電話:0266-27-8035
川越八幡宮	〒350-0045 埼玉県川越市南通町19-3 電話:049-222-1396
明治神宮	〒151-8557 東京都渋谷区代々木神園町1-1 電話:03-3379-5511
大山阿夫利神社 &大山寺	〒259-1107 神奈川県伊勢原市大山355 電話:0463-95-2006(9:00~17:00)
叶《かのう》 神社(西)	〒239-0824 神奈川県横須賀市西浦賀1-1-13 電話:046-841-0179
叶《かのう》 神社(東)	〒239-0821 神奈川県横須賀市東浦賀2-21-25 電話:046-841-5300
事 任《ことのまま》八幡宮	〒436-0004 静岡県掛川市八坂642 TEL:0537-27-1690
來宮《きのみや》神社	〒413-0034 静岡県熱海市西山町43-1 電話:0557-82-2241

熱田《あつた》神宮	〒456-8585 愛知県名古屋市熱田区神宮1-1-1 電話:052-671-4151(8:30〜16:30)
伊勢神宮	〒516-0023 三重県伊勢市宇治館町1 電話:0596-24-1111(8:30〜16:30)
猿田彦《さるたひこ》神社	〒516-0026 三重県伊勢市宇治浦田2-1-10 電話:0596-22-2554
椿大神社《つばきおおかみやしろ》	〒519-0315 三重県鈴鹿市山本町1871 電話:059-371-1515
神明《しんめい》神社	〒517-0032 三重県鳥羽市相差町1385 電話番号:0599-33-7453(相差海女文化資料館)
八咫烏《やたがらす》神社	〒633-0234 奈良県宇陀市榛原高塚42
大神神社	〒633-8538 奈良県桜井市三輪1422 電話:0744-42-6633
石上《いそのかみ》神宮	〒632-0014 奈良県天理市布留町384 電話:0743-62-0900
須賀《すが》神社	〒606-8323 京都府京都市左京区聖護院円頓美町1 電話:075-771-1178
吉備津彦《きびつひこ》神社	〒701-1211 岡山県岡山市北区一宮1043 電話:086-284-0031
玉作湯《たかつくりゆ》神社	〒699-0201 島根県松江市玉湯町玉造522 電話:0852-62-0006
嚴島《いつくしま》神社	〒739-0588 広島県廿日市市宮島町1-1 電話:0829-44-2020(9:00〜16:00)
赤間《あかま》神宮	〒750-0003 山口県下関市阿弥陀寺町4-1 電話:083-231-4138
筥崎宮《はこざきぐう》	〒812-0053 福岡県福岡市東区箱崎1-22-1 電話:092-641-7431
幣立《へいだて》神宮	〒861-3905 熊本県上益城郡山都町大野698 電話:0967-83-0159

仕事・出世運・勝負運・学業

上川《かみかわ》神社	〒078-9327 北海道旭川市神楽岡公園 電話:0166-65-3151
龍宮神社	〒047-0032 北海道小樽市稲穂3-22-11 電話:0134-22-4268
函館八幡宮	〒040-0046 北海道函館市谷地頭町2-5 電話:0138-22-3636
猿《さる》賀《が》神社	〒036-0242 青森県平川市猿賀石林175 電話:0172-57-2016
岩《いわ》木《き》山《やま》神社	〒036-1343 青森県弘前市大字百沢 電話:0172-83-2135
太平山《たいへいざん》三吉《みよし》神社	〒010-0041 秋田県秋田市広面字赤沼3の2 電話:018-834-3443
彌彦《いやひこ》神社	〒959-0393 新潟県西蒲原郡弥彦村弥彦2887-2 電話:0256-94-2001
尾山神社	〒920-0918 石川県金沢市尾山町11-1 電話:076-231-7210(9:30〜15:30)
鹿島神宮	〒314-0031 茨城県鹿嶋市宮中2306-1 電話:0299-82-1209
諏訪大社 上社本宮	〒392-0015 長野県諏訪市中洲宮山1 電話:0266-52-1919
秩父神社	〒368-0041 埼玉県秩父市番場町1-3 電話:0494-22-0262
代々木八幡宮	〒151-0053 東京都渋谷区代々木5-1-1 電話:03-3466-2012(9:00〜17:00)
烏森《からすもり》神社	〒105-0004 東京都港区新橋2-15-5 電話:03-3591-7865
金王《こんのう》八幡宮	〒150-0002 東京都渋谷区渋谷3-5-12 電話:03-3407-1811

香取神宮	〒287-0017 千葉県香取市香取1697-1 電話:0478-57-3211
思金《おもいかね》神社	〒247-0013 神奈川県横浜市栄区上郷町745-1 電話:045-895-2411
豊国《とよくに》神社	〒453-0053 愛知県名古屋市中村区中村町木下屋敷 電話:052-411-0003
本居宣長《もとおりのりなが》ノ宮《のみや》	〒515-0073 三重県松阪市殿町1533番地2 電話:0598-21-6566
建部《たけべ》大社	〒520-2132 滋賀県大津市神領1-16-1 電話:077-545-0038
出世稲荷神社	〒601-1242 京都府京都市左京区大原来迎院町148 電話:075-744-4070
賣太《めた》神社	〒639-1108 奈良県大和郡山市稗田町319 電話:0743-52-4669
談山《たんざん》神社	〒633-0032 奈良県桜井市多武峰319 電話:0744-49-0001
防府《ぼうふ》天満宮	〒747-0029 山口県防府市松崎町14-1 電話:0835-23-7700
松陰神社	〒758-0011 山口県萩市椿東1537番地 電話:0838-22-4643
大山祇《おおやまづみ》神社	〒794-1304 愛媛県今治市大三島町宮浦3327 電話:0897-82-0032
大麻比古《おおあさひこ》神社	〒779-0230 徳島県鳴門市大麻町板東広塚13 電話:088-689-1212
太宰府天満宮	〒818-0117 福岡県太宰府市宰府4-7-1 電話:092-922-8225(9:00～17:00)
神龍八大龍王《しんりゅうはちだいりゅうおう》神社	〒861-1672 熊本県菊池市龍門上長野 電話:なし
宇佐神宮	〒872-0102 大分県宇佐市大字南宇佐2859 電話:0978-37-0001

金運・財運・商売繁盛

樽前山《たるまえざん》神社	〒053-0035 北海道苫小牧市高丘6-49 電話:0144-36-6661
竹駒《たけこま》神社	〒989-2443 宮城県岩沼市稲荷町1-1 電話:0223-22-2101
金蛇水《かなへびすい》神社	〒989-2464 宮城県岩沼市三色吉字水神7 TEL0223-22-2672(8:00〜16:00)
金峯神社	〒940-0027 新潟県長岡市西蔵王2-6-19 電話:0258-32-2337
高瀬神社	〒932-0252 富山県南砺市高瀬291 電話:0763-82-0932
射《い》水《みず》神社	〒933-0044 富山県高岡市古城1番1号 電話:0766-22-3104(9:00〜16:30)
金澤神社	〒920-0936 石川県金沢市兼六町1-3 電話:076-261-0502
笠《かさ》間《ま》稲荷神社	〒309-1611 茨城県笠間市笠間1番地 電話:0296-73-0001
貧乏神神社	〒395-0157 長野県飯田市大瀬木2728-1 電話:0265-25-3301
新《あら》屋《や》山《やま》神社	〒403-0006 山梨県富士吉田市新屋神社河原1230 電話:0555-24-0932
聖《ひじり》 神社	〒368-0001 埼玉県秩父市黒谷2191 電話:0494-24-2106
皆中稲荷《かいちゅういなり》神社	〒169-0073 東京都新宿区百人町1丁目11-16 電話:03-3361-4398(9:00〜17:00)
馬《ま》橋《ばし》稲荷神社	〒166-0004 東京都杉並区阿佐谷南2-4-4 電話:03-3311-8588
東伏見稲荷神社	〒202-0021 東京都西東京市東伏見1-5-38 電話:042-461-1125

虎ノ門金刀比羅宮	〒105-0001 東京都港区虎ノ門1-2-7 電話:03-3501-9355
穴八幡宮	〒162-0051 東京都新宿区西早稲田2-1-11 電話:03-3203-7212
銭洗弁財天宇賀福《ぜにあらいべんざいてんうがふく》神社	〒248-0017 神奈川県鎌倉市佐助2-25-16 電話:0467-25-1081
南宮《なんぐう》大社	〒503-2124 岐阜県不破郡垂井町宮代字峯1734-1 電話:0584-22-1225
出雲福徳神社	〒509-9201 岐阜県中津川市坂下638-4 電話:0573-75-5815
伏見稲荷大社	〒612-0882 京都府京都市伏見区深草藪之内町68番地 電話:075-641-7331
御金《みかね》神社	〒604-0042 京都市中京区西洞院通御池上る押西洞院町618　電話:075-222-2062
金持《かねもち》神社	〒689-4512 鳥取県日野郡日野町金持1490 電話:0859-72-0481(10:00～16:00)
最上《さいじよう》稲荷	〒701-1331 岡山県岡山市北区高松稲荷712 電話:086-287-3700
岩国白蛇神社	〒740-0017 山口県岩国市今津町6-4-2 電話:0827-30-3333
土佐神社	〒784-8131 高知県高知市しなね2-16-1 電話:088-845-1096
金長《きんちよう》神社	〒773-0015 徳島県小松島市中田町字脇谷 電話:0885-32-3809(小松島市産業振興課)
篠崎八幡《しのざきはちまん》神社	〒803-0861 福岡県北九州市小倉北区篠崎1-7-1 電話:093-561-6518
宇佐神宮	〒872-0102 大分県宇佐市大字南宇佐2859 電話:0978-37-0001
祐徳《ゆうとく》稲荷神社	〒849-1321 佐賀県鹿島市古枝1855 電話:0954-62-2151

縁結び

芽生《めむ》神社	〒074-0015 北海道深川市深川町字メム6号線本通67 電話:0164-22-8652
熊野大社	〒992-0472 山形県南陽市宮内3476-1 電話:0238-47-7777
金崎宮《かねがさきぐう》	〒914-0072 福井県敦賀市金ヶ崎町1-4 電話:0770-22-0938
四柱《よはしら》神社	〒390-0874 長野県松本市大手3-3-20 電話:0263-32-1936
武蔵一宮氷川神社	〒330-0803 埼玉県さいたま市大宮区高鼻町1-407 電話:048-641-0137(9:00〜16:00)
新田神社	〒146-0093 東京都大田区矢口1-21-23 電話:03-3758-1397
今戸神社	〒111-0024 東京都台東区今戸1-5-22 電話:03-3872-2703
恋の水神社	〒470-3233 愛知県知多郡美浜町奥田中白沢92-91 電話:0569-87-3133
結《むすぶ》 神社	〒503-0111 岐阜県安八郡安八町西結584 電話:0584-62-5414
安井金比羅宮	〒605-0823 京都府京都市東山区下弁天町70 電話;075-561-5127
出雲大社	〒699-0701 島根県出雲市大社町杵築東195 電話:0853-53-3100
元乃隅稲成神社《もとのすみいなりじんじゃ》	〒759-4712 山口県長門市油谷津黄498 電話:0837-22-8404(長門市コンベンション協会)
鳴無《おとなし》神社	〒785-0163 高知県須崎市浦ノ内東分鳴無 電話:0889-49-0674
宮地嶽《みやじだけ》神社	〒811-3309 福岡県福津市宮司元町7-1 電話:0940-52-0016

恋愛・結婚

西野神社	〒063-0021 北海道札幌市西区平和1条3丁目 電話:011-661-8880
美瑛神社	〒071-0213 北海道上川郡美瑛町東町4-701-23 電話:0166-92-1891
卯《う》子《ね》酉《どり》神社	〒028-0514 岩手県遠野市下組町2地割 電話:0198-62-2111(遠野市観光協会)
氣多神社	〒933-0116 富山県高岡市伏木一宮1-10-1 電話:0766-44-1836
足利織姫神社	〒326-0817 栃木県足利市西宮町3889 電話:0284-22-0313(足利織姫神社奉賛会)
川越氷川神社	〒350-0052 埼玉県川越市宮下町2-11-3 電話:049-224-0589
東京大神宮	〒102-0071 東京都千代田区富士見2-4-1 電話:03-3262-3566
縁結び大社 (愛染神社)	〒283-0823 千葉県東金市山田1210妙泉寺内 電話:0475-55-8588(9:00〜17:00)
箱根神社	〒250-0522 神奈川県足柄下郡箱根町元箱根80-1 電話:0460-83-7123
御《ご》器《き》所《そ》八幡宮《はちまんぐう》	〒466-0051 愛知県名古屋市昭和区御器所4-4-24 電話:052-881-9512
服織《はとり》神社 (真清田神社境内)	〒491-0043 愛知県一宮市真清田1-2-1 電話:0586-73-5196
地主神社	〒605-0862 京都府京都市東山区清水1-317 電話:075-541-2097
八重垣神社	〒690-0035 島根県松江市佐草町227 電話:0852-21-1148
恋木《こいのき》神社	〒833-0027 福岡県筑後市水田62-1水田天満宮内 電話:0942-53-8625

安産・子宝・子授け

駒ケ岳神社	〒041-1351 北海道亀田郡七飯町東大沼 電話:0138-67-3020(七飯大沼コンベンション協会)
唐松《からまつ》神社	〒019-2411 秋田県大仙市協和境下台84 電話:018-892-3002
足羽《あすわ》神社	〒918-8007 福井県福井市足羽上町108 電話:0776-36-0287
北口本宮冨士浅間神社	〒403-0005 山梨県富士吉田市上吉田5558番地 電話:0555-22-0221
夫婦木《みようとぎ》神社	〒182-0021 東京都新宿区大久保2-27-18 電話:03-3200-0409
多摩川浅間《せんげん》神社	〒145-0071 東京都大田区田園調布1-55-12 電話:03-3721-4050
玉前《たまさき》神社	〒299-4301 千葉県長生郡一宮町一宮3048 電話:0475-42-2711
富士山本宮浅間大社	〒418-0067 静岡県富士宮市宮町1-1 電話:0544-27-2002
近江神宮	〒520-0015 滋賀県大津市神宮町1-1 電話:077-522-3725
亀山神社	〒737-0022 広島県呉市清水1-9-36 電話:0823-21-2508
新宮《しんぐう》神社	〒783-0085 高知県南国市十市字新富山5937 電話:088-865-5123
香《か》椎宮《しいぐう》	〒813-0011 福岡県福岡市東区香椎4-16-1 電話:092-681-1001
鵜《う》戸《ど》神宮	〒887-0101 宮崎県日南市大字宮浦3232 電話:0987-29-1001
泡瀬ビジュル(泡瀬神社)	〒904-2172 沖縄県沖縄市泡瀬2-1 電話:098-939-4501

夫婦和合・家庭円満

二柱《ふたはしら》神社	〒981-3117 宮城県仙台市泉区市名坂西裏61 電話:022-372-3474
白山《はくさん》神社	〒951-8132 新潟県新潟市中央区一番堀通町1-1 電話:025-228-2963
生島足島《いくしまたるしま》神社	〒386-1211 長野県上田市下之郷中池 電話:0268-38-2755
三峯《みつみね》神社	〒369-1902 埼玉県秩父市三峰298-1 電話:0494-55-0241
白山《しらやま》比《ひ》咩《め》神社	〒920-2114 石川県白山市三宮町二105-1 電話:076-272-0680(9:00〜16:00)
城山八幡宮	〒464-0045 愛知県名古屋市千種区城山町2-88 電話:052-751-0788
多賀大社	〒522-0341 滋賀県犬上郡多賀町多賀604 電話:0749-48-1101
二《ふた》見《み》興玉神社《おきたまじんじゃ》	〒519-0602 三重県伊勢市二見町江575 電話:0596-43-2020
伊《い》弉《ざ》諾《なぎ》神宮	〒656-1521 兵庫県淡路市多賀740 電話:0799-80-5001
朝倉神社	〒780-8063 高知県高知市朝倉丙2100-イ 電話:088-844-1360
男女《なんによ》神社	〒840-0213 佐賀県佐賀市大和町大字久留間5109番地 電話:0952-62-1951
塞《さい》神社	〒811-5136 長崎県壱岐市郷ノ浦町片原触113 電話:0920-47-3700(壱岐市観光協会)
高千穂神社	〒882-1101 宮崎県西臼杵郡高千穂町大字三田井1037 電話:0982-72-2413
霧島神宮	〒899-4201 鹿児島県霧島市霧島田口2608-5 電話:0995-57-0001

厄払い

三皇熊野神社本宮《さんこうくまの》	〒010-0062 秋田県秋田市牛島東2-2-36 電話:018-832-6303(9:00〜17:00)
行田八幡神社《ぎょうだはちまん》	〒361-0073 埼玉県行田市行田16-23 電話:048-554-5926(10:00〜12:00、13:00〜16:00)
阿佐ヶ谷神明宮《しんめいぐう》	〒166-0001 東京都杉並区阿佐谷北1-25-5 電話:03-3330-4824
関戸熊野神社	〒206-0011東京都多摩市関戸5-35-5 電話:なし
寒川《さむかわ》神社	〒253-0195 神奈川県高座郡寒川町宮山3916 電話:0467-75-0004
桃太郎神社	〒484-0002 愛知県犬山市栗栖大平853 電話:0568-61-1586
日吉大社	〒520-0013 滋賀県大津市坂本5-1-1 電話:077-578-0009
八坂神社	〒605-0073 京都市東山区祇園町北側625番地 電話:075-561-6155
㔟《くず》神社	〒633-2107 奈良県宇陀市大宇陀嬉河原174 電話:なし
伊太祁曽《いたきそ》神社	〒640-0361 和歌山県和歌山市伊太祈曽558 電話:073-478-0006
神谷《かんだに》神社	〒762-0018 香川県坂出市神谷町621 電話:0877-47-0770
住吉神社	〒812-0018 福岡県福岡市博多区住吉3-1-51 電話:092-291-2670(9:00〜17:00)
諏訪神社	〒850-0006 長崎県長崎市上西山町18-15 電話:095-824-0445
江田神社	〒880-0835 宮崎県宮崎市阿波岐原町字産母127 電話:0985-39-3743

病気・無病息災・健康長寿

鳥取神社	〒084-0906 北海道釧路市鳥取大通4-2-18 電話:0154-51-2404(9:00〜17:00)
廣田神社	〒030-0861 青森県青森市長島2-13-5 電話:017-776-7848
大洗磯前《おおあらいいそさき》神社	〒311-1301 茨城県東茨城郡大洗町磯浜町6890 電話:029-267-2637
穂高《ほたか》神社	〒399-8303 長野県安曇野市穂高6079 電話:0263-82-2003
素盞雄《すさのお》神社	〒116-0003 東京都荒川区南千住6-60-1 電話:03-3891-8281(8:00〜18:00)
稲荷《いなり》鬼王《きおう》神社	〒160-0021 東京都新宿区歌舞伎町2-17-5 電話:03-3200-2904
若狭彦《わかさひこ》神社	〒917-0241 福井県小浜市竜前28-7 電話:0770-56-1116(若狭姫神社)
氣比《けひ》神宮	〒914-0075 福井県敦賀市曙町11-68 電話:0770-22-0794
橿原《かしはら》神宮	〒634-8550 奈良県橿原市久米町934 電話:0744-22-3271
龍田《たつた》大社	〒636-0822 奈良県生駒郡三郷町立野南1-29-1 電話:0745-73-1138(9:00〜17:00)
サムハラ神社	〒550-0012 大阪府大阪市西区立売堀2-5-26 電話:06-6538-2251
草津八幡宮	〒733-0851 広島県広島市西区田方1-11-22 電話:082-271-0441
田村神社	〒761-8084 香川県高松市一宮町286 電話:087-885-1541
高良《こうら》大社	〒839-0851 福岡県久留米市御井町一番地 電話:0942-43-4893

スピリチュアル・霊験

御座石《ござのいし》神社	〒014-0602 秋田県仙北市西木町相内潟1 電話:0187-48-2630
居多《こた》神社	〒942-0081 新潟県上越市五智6-1-11 電話025-543-4354
伊佐須美《いさすみ》神社	〒969-6263 福島県大沼郡会津美里町宮林甲4377 電話:0242-54-5050
榛名《はるな》神社	〒370-3341 群馬県高崎市榛名山町849 電話:027-374-9050
賀茂別雷神社 (上賀茂神社)	〒603-8047 京都府京都市北区上賀茂本山339 電話:075-781-0011
賀茂御祖神社 (下鴨神社)	〒606-0807 京都府京都市左京区下鴨泉川町59 電話:075-781-0010
貴船神社	〒601-1112 京都府京都市左京区鞍馬貴船町180 電話:075-741-2016
丹生川上《にうかわかみ》神社	〒633-2431 奈良県吉野郡東吉野村小968 電話:0746-42-0032(8:30〜16:30)
熊野本宮大社	〒647-1731 和歌山県田辺市本宮町本宮1110 電話:0735-42-0009
熊野那智大社	〒649-5301 和歌山県東牟婁郡那智勝浦町那智山1 電話:0735-55-0321
枚岡《ひらおか》神社	〒579-8033 大阪府東大阪市出雲井町7-16 電話:072-981-4177
大神山《おおがみやま》神社 本社	〒689-3514 鳥取県米子市尾高1025番地 電話:0859-27-2345
志賀海《しかうみ》神社	〒811-0323 福岡市東区志賀島877 電話:092-603-6501
卑弥呼神社 (鹿児島神宮末社)	〒899-5116 鹿児島県霧島市隼人町内2496-1 電話:0995-42-0020(8:30〜16:30)

参考文献

『眠れないほど面白い「古事記」』由良 弥生（三笠書房）／読めば読むほど面白い『古事記』75の神社と神様の物語』由良 弥生（三笠書房）／『愛と涙と勇気の神様ものがたり まんが古事記』ふわ こういちろう（講談社）／『古事記』次田 真幸（講談社学術文庫）／『いちばんやさしい古事記の本』沢辺 有司（彩図社）／『現代語古事記 ポケット版』竹田 恒泰（学研）／『マンガでわかる古事記』志水 義夫（池田書店）／『まんがで読む古事記』久松 文雄（青林堂）／『日本書紀』宇治谷 孟（講談社学術文庫）／『続日本紀』宇治谷 孟（講談社学術文庫）／『謎の渡来人 秦氏』水谷 千秋（文春新書）／『歴史ＲＥＡＬブックス神社と古代豪族の謎』歴史ＲＥＡＬ編集部（洋泉社）／『カラー版 イチから知りたい！神道の本』三橋 健（西東社）／『〈神道〉のこころ』葉室 頼昭（春秋社）／『日本人なら知っておきたい神道』武光 誠（河出書房新社）／『神道入門』井上 順孝（平凡社）／『日本の神社がよくわかる本』戸部 民夫（光文社知恵の森文庫）／『イラスト図解 神社』三橋 健監修（日東書院）／『神社のいろは』『神社のいろは 続』『神話のおへそ』『神話のおへそ「古語拾遺」編』／『万葉集と神様』以上、神社本庁監修（扶桑社）／『「日本の神様」がよくわかる本』戸部 民夫（ＰＨＰ文庫）／『八百万の神々の謎』武光 誠（祥伝社黄金文庫）／『神社と神様がよ～くわかる本』藤本 頼生（秀和システム）／『神社の解剖図鑑』米澤 貴紀（エクスナレッジ）／『日本人なら知っておきたい！カミサマを味方につける本』井戸理恵子（ＰＨＰ研究所）／『みんなの神さま 神社で神さまとご縁をつなぐ本』西邑 清志（永岡書店）／『幸せが授かる日本の神様事典』ＣＲ＆ＬＦ研究所（毎日コミュニケーションズ）／『神さまがやどる お掃除の本』きさいち 登志子監修（永岡書店）／『神社のおしえ』神田明神（小学館）／『巫女さん入門 初級編』神田明神（朝日新聞出版）／『出雲大社』（ジェイティビィパブリッシング）／『稲荷信仰』近藤 喜博（塙書房）／『稲荷大神』中村 陽監修（戎光祥出版）／『開運！ お伊勢まいり＆縁結びの出雲めぐり』主婦の友社編集（主婦の友社）／『日本全国このパワースポットがすごい！』／若月 佑輝郎（ＰＨＰ文庫）／『神社手帖』石井 研士監修（ＴＡＣ出版）／『決定版 神社開運法』山田 雅晴（たま出版）／『心がやすらぐ 神棚スタイル』長崎 祐子＋神棚生活研究会（プレジデント社）／『御朱印でめぐる全国の神社』地球の歩き方編集室（ダイヤモンド社）／『神紋総覧』丹羽 基二（講談社学術文庫）／『御朱印見かた・楽しみかた』八木 透監修（メイツ出版）／『決定版 御朱印入門』淡交社編集局（淡交社）／『神社が教えてくれた人生の一番大切なこと』和田 裕美（マガジンハウス）

本書は、本文庫のために書き下ろされたものです。

写真提供 ●白兎神社（鳥取県）……白兎観光協会
●晴明神社（京都府）……晴明神社

神社《じんじゃ》で引《ひ》き寄《よ》せ開運《かいうん》☆

著者　白鳥詩子（しらとり・うたこ）
発行者　押鐘太陽
発行所　株式会社三笠書房
〒102-0072 東京都千代田区飯田橋3-3-1
電話　03-5226-5734（営業部）03-5226-5731（編集部）
http://www.mikasashobo.co.jp
印刷　誠宏印刷
製本　ナショナル製本

 ISBN978-4-8379-6806-1 C0130